信息资源管理研究

XINXI ZIYUAN GUANLI YANJIU

第一辑

河北大学管理学院 编

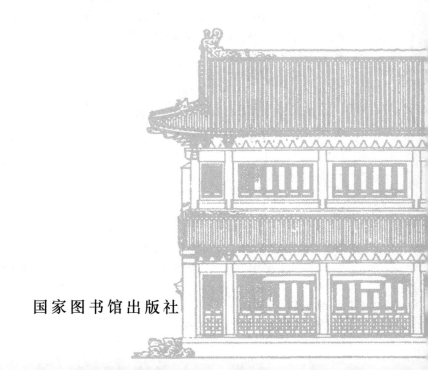

国家图书馆出版社

图书在版编目（CIP）数据

信息资源管理研究 . 第一辑 / 河北大学管理学院编 . -- 北京：国家图书馆出版社 ,2024.12. -- ISBN 978-7-5013-8301-6

I. G203

中国国家版本馆 CIP 数据核字第 20244HT047 号

书　　名　信息资源管理研究（第一辑）
　　　　　XINXI ZIYUAN GUANLI YANJIU（DI-YIJI）
编　　者　河北大学管理学院　编
责任编辑　张晴池
封面设计　耕者设计工作室

出版发行　国家图书馆出版社（北京市西城区文津街 7 号　　100034）
　　　　　（原书目文献出版社　　北京图书馆出版社）
　　　　　010-66114536　　63802249　　nlcpress@nlc.cn（邮购）
网　　址　http://www.nlcpress.com
排　　版　九章文化
印　　装　河北鲁汇荣彩印刷有限公司
版次印次　2024 年 12 月第 1 版　2024 年 12 月第 1 次印刷

开　　本　710×1000　1/16
印　　张　10.75
字　　数　146 千字
书　　号　ISBN 978-7-5013-8301-6
定　　价　68.00 元

信息资源管理研究

柯平

2024.3.6

发刊词

经过一年多的酝酿和筹备，值此河北大学图书馆学系创立四十周年之际，《信息资源管理研究》（第一辑）终于进入出版环节。照例要有个"发刊词"，对设计初衷作个简要的交代。

为什么要创办这份刊物，那就是为师生提供一个学习、交流、展示的平台，服务于我们的学科建设和教学科研。为此我们设想的稿件来源主要有三：一是约稿和来稿，约占每期三分之一的篇幅；二是本校老师的稿子，不少于二分之一；每期还要刊登一两篇研究生的优秀论文。

至于刊名，最初我们围绕"文献学"考虑过几个，虽然不无特色，但恐失之于窄。河北大学是较早开展档案学、图书馆学专业教育的高校之一，先后设立图书馆学、情报学、档案学、文献学硕士点和图书情报硕士专业学位点，也是最早拥有图书情报与档案管理一级学科博士点的地方高校。2022年，"图书情报与档案管理"一级学科更名为"信息资源管理"，因此我们最终选定了"信息资源管理研究"这个覆盖面宽、符合学科发展方向的名称。

刊物的"落地"还只是成长的第一步，要想发展，还需要学界同人、学术大家和本校师生持续不断地支持。借此机会，我向国家图书馆出版社，向为本期题写刊名和寄语的柯平教授、慷慨赐稿的范并思教授、李东来研究馆员致以真诚的谢意！还要对河北大学信息资源管理学科的师生们说：为学科发展、为人才培养，也为了对学术、对文字的那份情怀，让我们齐心协力，共同营建好这一方天地。

赵林涛

2024 年小暑于河北大学

目　录

书海撷珍

博士论坛

名家视野

方志目录学论略 *

柯　平（南开大学商学院）　刘旭青（河北大学管理学院）

　　方志是记述我国各行政区域或部分自然区域、专业区划的百科全书，是中华文化特有的传承载体，以起源早、类型全、持续久、数量多而享誉世界文化之林，是"资政、教化、传史"的重要手段，它兼容博采地记载了不同地区的地理沿革、人文兴替、风土人情、山脉合流、物产资源、气象灾异、古迹名胜、文物金石等，并以其鲜明区域性、连续性与相对科学性而受到重视[1]。方志编纂是我国千余年来的优良传统，各个历史时期均积累和遗留下大量著述和资料，并且形成古方志和新方志两大体系。我国古今方志数量庞大，仅民国之前的旧志就近万种，几乎占据中国古籍总量的十分之一[2]，已知佚志也在一千种以上[3]。中华人民共和国成立后，党和政府十分关注此项工作，要求用新观点、新方法、新资料，编辑出具有思想性、科学性和资料性的新型志书，为研究某些地区的历史沿革，阶级关系、生产关系以及科学技术等的发展提供了高价值的资料。

　　方志及其目录是目录学的重要研究领域。柯平较早对这一领域进行了研究，20世纪80年代初将方志目录作为地方文献书目体系的组成部分进行了研究，其后发表《论方志艺文志》（1986）[4]、《方志艺文志的整理与发展

＊　本文系2024年度河北省高等学校科学研究项目"数字人文视域下河北省方志目录研究"（项目批准号SQ2024217）的研究成果之一。

管见》（1989）[5]等系列成果，还研究了章学诚等的方志目录学思想[6]。以此为基础，笔者就方志目录学的有关问题提出初步意见，期待引起学界对于方志目录学的重视，共同推进方志目录学的创新发展。

1 方志目录学的研究对象与研究内容

任何一门学科之所以能够成立，是因为它具有独特的研究对象和研究内容，方志目录学也不例外。

关于方志目录学的研究对象，一般认为就是研究方志目录。我们认为，方志目录学的研究对象可以有多重表现形式，从具象上说，方志目录学仅仅研究方志目录还远远不够，同时需要研究方志书目工作。从抽象来看，方志目录学不能局限于描述和解释方志书目工作现象，而应探寻现象背后的本质。若以目录学领域的"矛盾说"为出发点[7]，方志目录学的研究对象可定位为研究科学揭示和有效报道方志文献与人们对其特定需求之间的矛盾。

明确了研究对象就可以进一步规范研究内容，方志目录学的研究内容应建立在研究对象运动形式所表现的特殊规律之上[8]。具体来说，方志目录学研究应当沿着三大方向展开：

1.1 方志目录体系化

方志目录以编制目录为手段，收集和汇总相关方志信息，是打开地方文献宝库的钥匙，是搜集资料的指南[9]，是采购、阅读、利用、研究方志的门径。随着方志学、目录学研究的深入，学界对方志目录的重视程度逐渐提升，在方志目录研究和编纂上均有所突破和创新。

以往关于方志目录的研究，主要是围绕方志目录的类型展开的。然而，纵观古今方志目录演变，其类型呈逐渐增多的趋势，按不同标准划分的方志目录不是孤立的，同一方志目录按不同标准可分属不同类型，既可以是某种单一型的目录，也可以是集合数项的目录。这类研究虽然现在仍有意义，但也不能适应方志目录学的要求。方志目录学亟待完成方志目录体系的建立，包括古代方志目录体系和现代方志目录体系，具体而言方志目录学有以下视角的研究。

第一，方志艺文志体系研究，包括对于方志组成部分的艺文志或经籍志体系和独立成书的方志艺文志体系的研究。方志艺文志是方志中的重要组成部分，也是地方著述的重要体现[10]。方志中一般均设有方志艺文志，方志艺文志也有脱离方志而别行，最早的代表是明代祁承爜《两浙古今著作考》，其后还有《蜀中著作记》《湖录经籍考》《温州经籍志》《杭州艺文志》等。

第二，方志书目信息研究。历代方志数量巨大，其中蕴含着大量有价值的信息。就新方志而言，截至 2019 年底，新中国两轮新修方志数量达 11000 余部[11]。就方志的单体而言，具有明显的地域特征和个性色彩。汇集起来，则反映出全面、系统、综合的特征。随着人们对整理和记载方志文献的需求增加，方志目录应运而生，方志书目信息有很大的开发与利用价值。

第三，方志目录载体研究。方志目录载体多样，包括书本式目录、卡片式目录，以及附录于图书之后的方志目录、发表于期刊文献的方志目录[12]，这些构成载体体系。

1.2　方志书目控制

方志书目控制是方志目录学的重要任务。方志书目控制可从广度和深度两个方面进行。

（1）广度的方志书目控制

第一，按方志所属时代角度进行控制，包括通代方志书目控制、断代方志书目控制，以及古方志书目控制、新方志书目控制。随着新中国首轮新方志编修工作的完成，各地方志编修机构、图书馆编纂了一批中国新编地方志目录，如全国地方志资料工作协作组《中国新方志目录（1949—1992）》

（1993）、中国地方志指导小组办公室《中国新编地方志目录》（1999）等。

第二，从方志所属地域角度进行控制，包括国家方志书目控制、地区方志书目控制、海外方志书目控制。首先，区域性方志目录既可反映一省（地区）情况，亦可反映两省（地区）以上的情况，例如清代周广业《两浙地志录》。区域、全国性方志目录往往表现为方志联合目录的特性，可著录几个乃至全国图书收藏单位方志收藏与分布情况。区域性方志联合目录始于 20 世纪五六十年代，至 20 世纪 80 年代，各省份和一些地、市为配合全国方志普查，纷纷编制区域性方志目录[13]。据不完全统计，仅 1980—1988 年，共编制有安徽、山东等方志联合目录 26 种。但上述方志目录仍停留在对某一单位或地区的现存志书的著录，仍具有明显的分散性，难以窥探现存志书的全貌。全国方志联合目录旨在解决这一问题，例如中国科学院北京天文台《中国地方志联合目录》（1985），此目录是在《中国地方志综录》基础上编成的，收录存世 1949 年以前的通志、府志、州志、厅志、县志、乡土志、里镇志、卫所志、关志、岛屿志等 8264 种。我国台湾地区不仅藏有大量旧志，新修志书也不少，在书目工作上也颇有成绩。例如，台湾"中央图书馆"《台湾公藏方志联合目录》（1956）、王德毅《台湾地区公藏方志目录》（1984），基本上反映了我国台湾地区方志收藏情况。其次，由于历史原因，中国旧方志大量流失海外，并引起世界各国的重视，成为世界级藏书。海外方志目录编纂始于部分收藏量较大的国家和地区对所藏中国方志的统计整理，在一定程度上实现了全球书目资源共享，也在一定程度上限制了方志目录的获取。日本、美国、澳大利亚以及欧洲国家等为海外收藏中国方志的几大中心，所做研究也较为深入。综合国内外已出版的相关书目，较为突出的有：日本方面，有东洋文库《东洋文库地方志目录》（1935）、国立国会图书馆一般考查部《国立国会图书馆藏：中国地方志综录稿》（1949）、天理图书馆《中文地志目录》（1955）、青山定雄《唐宋地方志目录及资料考证》（1958）、山根幸夫《日本现存明代地方志目录》（1962）、东洋学文献中心联络协会《中国地方志联合目录》（1964）、九州大学文学部东洋史研究室《九州大学收藏中国地方志目录》（1966）、国会图书馆参考书志部《日本主要图书馆、研究所所藏中国地方志总合目录》（1969）、朱士嘉、赵慧《日本现存稀见中国宋明两代地方志草目》（1982）、崔健英《日本见藏稀见中国地方志书录》（1986）、巴兆祥《东传方志总目》（2008）等。美国方面，有朱士嘉《美国国会图书馆藏中国方志目录》（1942）、威廉施坚雅（William G. Skinner）《浙江宁绍地区地方志目录》（1971）。澳大利亚方面，有唐纳德·莱斯利（Donald Leslie）等《中国方志目录》（1967）。欧洲各国方面，有法国Y·赫渥艾特（Y·Hervouet）《欧洲图书馆藏中国方志目录》（1957）；法国吴德明《欧洲各国图书馆所藏中国地方志目录》（1957）；英国安德鲁·莫顿（Andrew Morton）《英国各图书馆所藏中国地方志总目录》（1979）等。作为促进海内外交流不可或缺的宝贵资源[14]，为研究、利用我国海外方志提供便利，同时对有针对性的方志回流工作有积极意义[15]。

第三，从方志收藏主体角度进行控制，包括公藏方志书目控制、私藏方志书目控制。公藏方志书目控制方面已有较多成果，例如谭其骧《国立北平图书馆方志目录》（1933），万国鼎、储瑞棠《金陵大学图书馆方志目》（1933）等。《南洋中学方志目》（1919）亦属公藏范畴，是最早的学校方志专目。应当从图书馆、博物馆、档案馆等各个收藏主体，分别进行书目控制，并且鼓励各馆藏书建立关联，实现方志联合书目控制。私藏方志书目控制成果相对较少，例如王绶珊《九峰旧庐方志目》（1934），这是今后方志书目控制要重点解决的问题。

第四，从方志存佚角度进行控制，包括总核方志书目控制、馆藏方志书目控制、备征方志书目控制、佚书方志书目控制。其中，佚志方志书目控制贵在考订，揭示相关方志的"存、佚、缺、未见"[16]等情况。例如，刘纬毅《山西方志佚书考录》（1982）、杨静琦等《河南地方志佚书目录》（1983）。

第五，从方志目录的功用角度进行控制，包括普通方志书目控制、购售方志书目控制、方志展览书目控制等。例如，日本臼井四郎《河北省方志展览会目录》（1939）为代表性的方志展览目录[17]。

（2）深度的方志书目控制

第一，从方志记载内容角度进行控制，包括全志书目控制、专志书目控制、类志书目控制等。方志有全志与专志之分，传统方志目录多著录全志而忽略独立于综合志书之外的专门志、专题志、部门志、行业志等专志[18]。收录范畴上，有些侧重于收录以官修为主的省志、府志、州志、厅志、县志、屯及关志、镇志、卫志、所志、土司志、乡镇志等志书，以《中国地方志联合目录》为代表。有些则在官修以上诸志之外，收录总志、杂传、风土、物产等。例如，张国淦《中国古方志考》（1962）、陈光贻《稀见地方志提要》（1987）。类志方面，上海师范大学图书馆编有《中国类志综录》。

第二，从注释和提要角度进行控制，包括方志注释书目控制、方志提要书目控制。就提要来说，既可以编纂一般提要目录，又可以编纂考据性提要目录。方志考录即对方志纂修者、版本源流及内容的考订与介绍[19]，它的出现拓宽了方志目录的类型。例如，20世纪80年代骆兆平《天一阁藏明代地方志考录》（1982）、洪焕椿《浙江方志考》（1984）等，这类方志目录更体现学术价值。

第三，从方志索引角度进行控制，包括综合性索引控制和专题性索引控制。方志索引编制始于民国，容媛《方志中金石志目》（1930）附有索引，开创了方志目录学成果的索引形式。江苏省立图书馆编纂委员会《吴县志列传人名索引》（1939）则是中国第一部方志人名索引。中华人民共和国成立后，方志索引的数量和质量大大提升，朱士嘉《宋元方志传记索引》（1963）、高秀芳《北京天津地方志人物传记索引》（1987）、华东师范大学图书馆古籍部《天一阁藏明代方志选刊人物资料人名索引》（1997）等均为突出代表。除人物传记外，方志索引还包含地名、论文等专门索引。例如，潘一平《武林坊巷志坊巷名称索引》（1990）、国家图书馆地方志和家谱文献中心《中国地方志论文索引（1981—1995）》（1999）。

1.3 方志书目工作标准化

准确、充分地揭示和报道馆藏。我国丰富的方志遗产分藏在国内外不同类型、系统的图书馆中，编制目录、提要、索引等正是打开这一信息宝库的钥匙。方志书目工作中，编排体系与方志所载难以对应，目录难以全面反映馆藏方志的来源，大部分目录的检索途径单一，且存在较多的遗漏和差错。应借助国内大规模、深入的古籍普查工作，进一步丰富和完善已知方志信息、增补挖掘未知方志信息。例如，部分孤本方志可以找到其他稀见本或复本，残本或可补全成为足本。

提升数据规范水平，提高书目数据质量。方志目录表现出明显的复杂性，有着数量大、时间跨度久等多种特点，不同方志目录收录的种类和范围也有所差异[20]。方志书目工作标准化的重点包括以下几方面：第一，明确方志目录的收录范畴。方志成果类型多样，在目录之外，概况、统计表、考稿、提要、综录、索引等亦属方志目录的研究范畴，方志目录体例逐渐周备[21]。方志类型可包含省志、府志、州志、厅志、县志、卫志、所志、关志、乡镇志、岛屿志、山志、水志、寺庙志、书院志等，以及备考、图记、汇览、掌录等不以方志为名，实为方志的文献。同时，采访册、调查记等具有方志初稿性质的志料、稿本，以及单行本的方志校记、杂记[22]等，亦可收录，且要力求齐全，勿使遗漏[23]。第二，确立适用于方志目录的著录标准。方志在志名、纂修者、卷/册数、编纂时间、版本等方面存在若干复杂的问题，还有同书异名的情况，著录时需核实原书，以按语、注语略作说明，这些均为著录标准的确定带来一定难度。因此，明确方志著录的标准显得尤为必要[24]。第三，数字环境下，规范的资源要素是数字方志书目控制的核心和关键。需要建立适应于书目数据库 MARC 和网络环境的 DC 等元数据规范，构建新型联合目录元数据体系，实现书目数据规范化、标准化的质量控制。例如，"新方志人物传记数据库"收录了 20 世纪 80 年代以来的新修志书，首次将计算机引入方志人物传记索引的编制，以 CNMARC 格式进行著录。

2 方志目录学的理论建构

任何一门学科的科学属性均需建立在理论建构的基础上。自古至今，对方志的整理、编目未曾间断，取得了丰硕成果。方志目录编纂的体例和方法，在长期的历史发展中，经过不断的演变和革新，逐渐形成独立的体系和专门的学问[25]。然而理论研究相对薄弱，如何进行方志目录学的理论建构，成为方志目录学亟待解决的重大问题。

2.1 以方志学和目录学的相关理论研究为基础

随着方志学、目录学理论的成熟，方志学、目录学的内涵与外延、产生条件及发展趋势等基本理论问题应该得到充分关注[26]。方志目录学本是方志学和目录学的交叉学科。在方志学理论著作中，一般都有对"方志目录"的专节研究。例如，陆振岳《方志学研究》设有"方志目录"，沈松平《方志发展史》设立"方志的目录与提要"，吕志毅《方志学史》设有"民国时期方志目录"，均对方志目录的沿革、发展成就进行了总结[27]。方志目录学这一名词在傅振伦（1935）、来新夏（1983）、黄苇（1983）、林衍经（1983）等人的论著中曾多次被提及，但因体裁、内容等的限制，上述学者尚未对这一概念和相关理论问题进行深入的阐释。在目录学领域，章学诚重视方志艺文志，主张"凡欲经纪一方之文献，必立三家之学"[28]。邵瑞彭《书目长编》（1928）将书目分为贮藏类、史乘类、征存类、评论类四大类，方志目录属于史乘类。容肇祖（1928）写《目录学家著述的分途》分总目、专门目录和杂目，在总目之史家目录中列有"地方目录及地方志之目录"[29]。姚名达《中国目录学史》（1936）论方志目录，"后世方志之能录书序入《艺文志》者，如［乾隆］《大名县志》、［嘉庆］《广西通志》，不数数见也。明清志家，多钞诗文而少于目录，然亦有仿《剡录》而兼收者，如《吴兴备志》之分录经籍、遗书，［康熙］《嘉庆府志》之分录艺文、书籍，［康熙］《钱塘县志》之分录经籍、艺文，皆是。乾隆年间重刻的《归德府志》则特异，其艺文略分立（1）学宫经籍，（2）名家著述，（3）金石文字，（4）郡县志乘四目，一扫过去混藏书著书为一之弊，识者嘉焉。三百年来，自通志府志，以至县志，皆多有艺文一栏，亦有钞诗文入艺文，列目录为经籍者。今人李濂镗撰《方志艺文志汇目》以综之，颇便寻索"[30]。来新夏《古典目录学浅说》（1981）提出"地方目录中值得注意的是方志中的目录"，认为"最早的方志目录可能是宋高似孙的《剡录》，所记为与剡地有关的图书文献"，"方志目录的重要性在于它所收录的图书每有为公私目录所摒遗，或本身确有价值而名晦不显的"[31]。这些研究从不同角度阐明了方志目录的重要性和理论指导的必要性。

2.2　方志目录学的理论体系

方志目录的编修虽然有着悠久的历史，但方志目录学理论研究和学科建设却是较为薄弱的环节。"方志无学"的传统偏见更是困扰着方志目录界理论研究和书目事业发展[32]。迄今为止，方志目录学仍处于有名无学的理论建构初期，宏观层面的方志目录学学科体系、学科理论研究还远远不够，缺乏综合性的系统考察。

学科理论的建构是一门学科走向成熟的标志，方志目录学理论体系包含了方志目录学的研究对象、研究内容、研究方法等基本原理，同时关注方志目录学与其他相关学科的关系。理论体系的构建与完善是学科得以发展的内在根基，是学科构建总体性、根源性的问题。方志目录学同普通目录学及其他专科目录学关系紧密，可以从其基本理论、学科体系等方面汲取营养。普通目录学研究的是目录学的一般理论和方法，方志目录学与其关系密切，且多有相似、共通之处。方志目录学从产生、发展到最终确立，始终与方志理论、修志实践紧密相连，随着方志学、目录学学科分工的细化和研究的深入而逐步走向成熟。方志目录学可以理解为研究中国方志目录及其理论的产生、发展和演变规律的一门科学，它以目录学理论和方法为指导，以方志作为研究的主要畛域，探究其历史与源流，编纂的原则与方法，未来发展趋势。

3 方志目录学的发展史研究

方志目录学是随着方志文献及其目录的发展而产生的。方志目录学作为方志学、目录学的重要分支，其发展历史值得深入探究。

3.1 方志目录学史分期

关于方志目录学史分期的研究，应探讨方志目录学史分期的方法，从方志目录的产生与发展分析方志目录的源流，总结不同时期方志目录的成就与问题。我国历代丰富的方志目录工作为方志目录学发展提供了基础，重点包含历代重要方志目录、相关方志目录著作、方志目录学家及思想，借此分析方志目录学发展史，总结历代方志目录学取得的突出成绩、发展规律，以期为当代方志目录学发展提供借鉴。但仅仅关注方志目录编纂的历史和现状是远远不够的，还应从顺应社会文化发展、科技进步的角度出发，关注方志目录学的发展趋势，探讨未来方志目录的转型、编纂和利用方式的革新。

3.2 方志在古典目录学中类目的演变

目录中著录方志是方志目录发展史上的一个重要里程碑。"方志目录，曩初并无单行之本"[33]，而是经历了从子目到部类，再到专目这一发展历程[34]。南朝王俭《七志》中最早出现对方志的著录，其中"图谱志"著录了地志、地记等志书。梁代阮孝绪《七录》中"传录"第十二类为"土地部"，收录有地记类志书。其后，方志在古典目录中类目的演变经历了不同阶段。第一，方志正式载于史志目录始于《隋志》中的史部地理类。《隋书·经籍志》著录魏晋至隋代舆图、图经、地记、山水记、地志、异物志、风俗志等志书，开创古典目录纳方志于"地理类"的传统，此种分类方式深深影响了综合目录对方志的收录，并在后代官修书目、史志目录中得到延续。《旧唐书·经籍志》《新唐书·艺文志》《宋史·艺文志》《明史·艺文志》中均列入史部地理类，无方志一门。第二，方志载于公私目录而独立一门始于《通志·艺文略》地理类中郡邑、图经之属。其后，《国史经籍志》地理类有图经一门，《万卷堂艺文目》地理类有方州志一门。第三，方志在史部设置方志专类，而不单纯归于地理。例如，明代朱睦㮮《万卷堂书目》在史部设立"地志"，明代陈第《世善堂藏书目录》在史部下设"方州各志"。第四，方志独立为单独部类，不再隶属于史部或地理类。明代朱睦㮮《万卷堂书目》第一次在史部设立方志类，冲破公私目录分类法的束缚。明代张萱《内阁藏书目录》于四部外别立"志乘"一类。清代钱曾《述古堂书目》卷三有"地志"类，徐乾学《传是楼书目》、汪宪《振绮堂书目》等均将方志独立成类，均是方志文献在目录上的反映。

方志独立成类符合方志的发展实际，也意味着方志的独立学术地位得到认可。因综合目录产生年代早、数量多，由此可窥探方志源流及演变。明清时期方志学发展兴盛，大量文人学者参与到修志中，相关理论著作大量出现，对方志的性质进行了重新界定，认为其既非史书又非地理书，而是"纪事实，备观览"的地方著述。此时虽非方志专科目录，但此观点到清初已被众多目录学家所接受。随着综合性方志的兴盛，以及乡镇志和各种专志大量出现，方志逐渐发展为一种庞大的典籍类型，此种情形与方志分别类属于史部的不同门类不相适应。可见，众多的方志文献是方志目录产生的基本条件。近代以来，方志馆藏日益增多，方志的著录也开始脱离综合目录而单独发展，形成独立的方志目录。近代图书馆的产生是方志目录重要转折点，直接推动了馆藏方志目录的编制与方志目录的发展，为方志联合目录、方志专题目录等的编制提供了保障[35]。

3.3　方志目录编纂的发展

方志目录经历了由综合目录中的方志类演化为独立专科目录的历程。方志独立成类为方志专目的出现提供了逻辑前提，方志专目的形成符合自身科学发展规律，也是方志学、目录学自身建设的客观需求。现知最早的方志专目为清代徐乾学所藏明抄本《天下志书目录》，《传是楼书目》中对此有著录，同时还有清代周广业《两浙地志录》，惜均未能流传下来，后续者则寥寥无几。进入 20 世纪后，由于边疆地理学、历史地理学、方志学研究和方志利用的需要，方志目录独立成为一种专题目录[36]。

民国时期是方志目录学的初创阶段，形成方志专门目录。民国时期方志目录的大量编制与此时期方志的系统编纂工程密不可分，方志搜求热带来方志专目的兴起[37]。第一，方志目录开始从普通图书目录中独立出来。缪荃孙《清学部图书馆方志目》（1913）为"方志有专目之始"[38]。第二，出现了公藏、私藏、区域性等多种目录类型。缪荃孙之后，公藏目录逐渐增多，机构方志目录有故宫博物院图书馆《故宫方志目》（1931）、谭其骧《国立北平图书馆方志目录》（1933）、武汉大学图书馆《国立武汉大学图书馆方志目录》（1936）、张政烺《国立中央研究院历史语言研究所图书室方志目》（1939）等。私家方志目录有冯贞群《天一阁志目》（1936）、任凤苞《天春园方志目》（1936）、王绶珊《九峰旧庐方志目》（1934）等，均著称一时。第三，根据中国目录学的提要传统，还形成了简目、提要、考录三种形式[39]。张维《陇右方志录》（1933）、瞿宣颖《方志考稿（甲集）》（1930）分别是最早的方志提要、考录目录，而最早出现的《清学部图书馆方志目》则为方志简目。第四，方志目录的编纂经历从局部、地区性，再深入发展到全国性的历程。以第一部全国性方志联合目录朱士嘉《中国地方志综录》（1935）为例，反映了全国 41 所图书馆收藏的方志 7400 多种，标志着方志目录由馆藏目录时代进入联合目录时代。

中华人民共和国成立后曾出现二十世纪五六十年代和二十世纪八九十年代两次编制方志目录的繁荣局面。为摸清馆藏方志现状，各级各类公共图书馆、高校图书馆、科研院所图书馆等陆续编撰了大量方志目录，方志目录体系进一步完备。第一，新中国"17 年"间初步繁荣时期。编制方志目录是中华人民共和国成立后旧志整理工作的一个重要方面，此时更加注重方志目录的科学性和实用性[40]。国家组织编制的方志目录数量众多，主要分为馆藏目录、提要目录、联合目录[41]。此时期方志目录数量大增，达30余种[42]。馆藏目录方面，为摸清馆藏方志现状，并为旧志整理和新志纂修提供便利，众多图书馆编制了本馆方志目录。例如，林名均《华西大学图书馆四川方志目录》（1951）、广东人民图书馆《广东人民图书馆入藏广东省方志目录》（1954）、嘉兴市图书馆《浙江省嘉兴市图书馆方志目录》（1956）等。提要目录方面，张国淦《中国古方志考》（1962）逐一考订自秦迄元的存、佚方志，并记其出处。联合目录方面，随着方志纂修的大量出现，众多省市编纂了本地区联合目录或提要，以摸清方志家底。例如，朱士嘉《河南地方志综录》（1956）。同时，还出现朱士嘉《中国地方志综录（增订本）》（1958）这一1949年以来首部全国性方志联合目录，比原书规模增加近40%，著录全国28家图书馆7413种方志。联合目录的出现标志着方志目录学进入区域性、全国性联合目录时代，弥补了方志目录著录数量有限、馆藏分散、使用不便的弊端。第二，改革开放至20世纪末的辉煌时期。此时期方志目录类型更加完备，全国性、区域性、馆藏性、联合性、提要性等志目一应俱全。在各地新志编修工作的推动下，大部分省份都编印了本地区的方志联合目录或本馆收藏方志目录，从不同角度为方志查阅和使用提供便利。金恩辉、胡述兆《中国地方志总目提要》（1996）为兼收新、旧方志提要目录的突出代表。第三，21世纪以来，随着方志数字化及数字目录的发展，出现了大量方志书目数据库，纸质版方志目录的编制逐渐减少。

总体来看，中国方志目录发展呈现出明显的特点。第一，编纂方志目录的单位和个人数量众多，对推动全国方志目录的发展起到积极作用。全国各主要图书馆均编有本馆馆藏方志目录，收藏方志数量较多的馆还先后数次编纂方志目录。众多方志学家、目录学家参与其中，反映出对方志目录的重视。例如，民国时期就产生了缪荃孙、瞿宣颖、朱士嘉、张国淦等首批方志目录专家。第二，方志目录编纂经历由局部、区域性向全国性发展的过程。全国性联合目录编纂实现了方志目录资源的共建共享，为方志利用提供了很大便利，地方性联合目录补充了全国性书目的不足，彼此间互为补充。第三，著录项目趋于完备。包含书名、纂修者、版本、卷数、馆藏单位、附注、索书号等，部分书目还以提要形式对方志内容进行深层揭示。第四，编排方式以行政区划为主，在区域范畴下则以方志纂修时代排序，反映出地区方志的发展历史。第五，收录范围以省、府、州、县、乡镇志为主，兼收总志、山水志、风俗志等。

4　方志目录学方法论研究

4.1　方志目录学研究的方法论

方志目录学研究，应当建立科学的研究方法论体系。传统的方志目录学研究乃至方志学、目录学研究的主要方法是历史研究法，更具体的说是史料学的方法。

方志目录学研究要运用现代科学的理论与方法，将历史学、政治学、社会学、管理学、信息科学等学科的理论引入方志目录学，丰富方志目录学的方法论体系。

方志目录学要运用理论研究、比较研究等方法，解决方志文献、方志目录、方志书目控制等领域的重大问题，如古方志的文化传承问题、古方志保护问题、当代方志文献工作组织问题、方志信息化和数字化问题等。

方志目录学可以开展实证研究，运用问卷、专家访谈、案例法等，深入开展广泛的调查研究，发挥案例的示范带动作用。

4.2　方志目录编纂方法论

方志目录学的基础是方志书目实践，传统的方志书目工作是建立在手工基础上的，包括汇编方志目录、编著方志提要、编制方志索引等，这是我国古代学人开发利用方志目录的主要方式。历代方志艺文志编纂有丰富的实践经验值得总结，例如，常熟方志载艺文志的有钱陆灿等纂［康熙］《常熟县志》、言如泗等纂［乾隆］《常昭合志》、庞鸿文等纂［光绪］《常昭合志稿》，私撰方志目录有杨英彝《海虞艺文目录》十六卷、姚福均《海虞艺文志》六卷、袁景韶《海虞艺文志续编》八卷。艺文志体例以分类居多，如钱陆灿等纂［康熙］《常熟县志·艺文志》收书478种，分经传、小学、正史、志书、地理、谱牒、传记故实、儒家、杂著、小说家、天官历算家、兵略、刑法、医家、释家、道家、类书、诗文集、训释、总集20类。方志收录文献分类各有特色，值得总结。民国六年至十三年（1918—1925年），丁祖荫为总纂重修《常昭合志》，不因袭旧志，为处理好方志主体与掌故、文征的对应关系，将文献附于各卷事实之下。特别是创新书目体例，以人系书，详加考证。于地方人物，著录科第、列官，兼及别号、私谥，点明在家族中与其他人物的关系等情况以及与著述有关的其他信息，包括爱好、师承、结社、交游等，与《重修常昭合志》的人物志互为补充，不见人物传的，补叙身世。每个人物的多部著作按四部排列，每部著作必记其所采文献依据，注明内容、序跋刊抄者、版本等，以明来源与存佚。所有人物以时代为序，同一时代人物按百家姓排列，同姓按祖孙兄弟及著述相连编次，释、道、尼、闺秀人物附所在时代，而邑外人士有关常熟的著作、阙名撰著、家谱等置于最后。"《重修常昭合志》为邑志集大成之作，《艺文志》为空前的创新书目"[43]，其创新既继承了古典目录学"辨章学术，考镜源流"的传统，又从实际出发，因地制宜，强调艺文与志书其他内容的配合，形成"志文一体"的书目方法论，值得新方志艺文志的编纂参考借鉴。

自古至今，对方志的整理、编目未曾间断，而对方志目录实践的研究较少，应从宏观视角探讨方志编纂目的、类型、结构、方法、步骤等。方志目录编纂是方志书目工作的核心，社会需求的复杂性影响着方志目录类型的多样性，不同类型方志目录编纂方法既有共性，也有个性。方志目录著录的基本信息包含方志名称、作者、版本、编纂时间、提要、馆藏地、索引等，著录项目的选择因编制目的、编制类型不同而略有区别，著录格式的规范性、编排的科学性是影响方志目录质量的重要因素。迄今为止，对于方志目录学的研究还缺乏综合性的研究与考察，对于地方志的研究、利用与编纂极为不便[44]。

5　数字人文环境下方志目录学研究视域的拓展

数字人文环境下，方志目录学的学科体系、研究内容、研究方法等均发生了一系列变化。数据与智能时代的方志目录学展现出技术与人文两大研究维度，是数字化思维与人文精神的结合，是古代目录学思想在数字时代的衔接和发展，是方志目录学在方法论层面的革新。数字技术快速发展的时代背景下，数字人文对方志目录学进行了全新的赋能，促进方志目录学的学术转型。

5.1　方志目录数据库建设

坚持旧志目录整理与新志目录编修相结合的原则，建立完善方志目录数据库，系统、深入地研究方志目录的学术价值。首先，对方志古籍目录进行数字化。数据库建设基本上是对方志的数字化处理，即采用数字化扫描和OCR，将纸质文本转化为电子文本进行存储和检索。其次，整合现有方志数据库，完成与海内外方志目录数据库的对接。现有方志目录为数据库的建立提供了丰富的可借鉴资源，国内大规模、深入的古籍普查工作为进一步完善数据库内容、发掘未知方志信息提供了重要的前提条件，以最终建成"中国地方志目录综合数据库"。再次，推进方志目录统一检索发现系统建设。对接国家文化大数据体系，推进方志数字化资源汇聚共享。构建支持方志信息资源发现、定位和获取的新型联合目录知识库，重构书目编制工作流程，以元数据集成整合方式打造纸质与数字资源一体的联合目录集成化体系[45]。最后，推进方志目录关联数据构建。将散落于方志书目中的人、地、时、事关联起来，形成完整的知识地图。对以官修为主的省志、府志、州志、厅志、县志、屯及关志、镇志、卫志、所志、土司志、乡镇志等书书进行全方位整合，以立体化方式呈现志书、人物、事件、资源等之间的关联性。

5.2 方志目录元数据的构建与方志目录文本挖掘研究

从 CNMARC 到 BIBFRAME 关联数据的具体实现，为方志数字人文知识库的建设提供了技术指导[46]。针对数字人文环境下异构方志元数据整合，可采取以关联书目数据为元数据的解决方案[47]。从海量的非结构化的方志目录文本中发现全新的组织模式和变化态势，实现对书目数据的查询、统计分析、计量分析等，实现方志目录的深度开发与利用。首先，探索适用于方志目录数据的文本挖掘方法。探究方志目录文本与自然语言处理技术的结合点，以适用于书目文本的文本挖掘方法从非结构化的方志目录文本中获取有价值的书目知识。其次，方志目录命名实体识别和系统建构。运用 CSWS、ICTCLAS 等汉语词法分析系统，实现对方志目录文本的分词、词性标注、命名实体识别等，构建方志目录学的地名、人名、组织机构名等识别系统。再次，方志目录专属语料库构建。例如，可以《中国地方志联合目录》为基础文本来源，充分运用 Python、R 语言等开发工具，构建面向文本挖掘的方志目录专属语料库。在对方志目录语料库的切分与标注基础上，实现深层的文本挖掘与知识发现。

5.3 方志目录可视化研究

以可视化方式探索书目文本中隐含的内容和关系，提供一种理解海量方志目录文本内容、结构和规律的有效方式。首先，进行方志目录可视化方法探索。构建方志书目信息的可视化框架，对相应的可视化方法和技术展开研究。在对方志目录原始数据的整理、归类、统计的基础上，帮助读者理解方志目录著录内容所包含的深层、隐性含义。其次，推进方志目录可视化的交互设计与实现。由于方志书目信息形式的单一性，更多的是静态化呈现，且交互性较差。因此，可引入多源知识融合的知识可视化模式，在传统文本基础上结合交互体验模式，提升方志目录的可视化展示水平和用户体验水平。再次，对方志目录进行可视化方法与技术应用。利用词频统计、主题聚类分析、社会网络分析、思维导图等可视化方法[48]，实现对地理数据进行输入、存储、检索、分析、显示的可视化系统，提升与地方志信息可视化需求的契合度。最后，结合 GIS 的地方志信息呈现，探索通用的时空数据模型。借助 GIS 地图，从时间和空间两个维度呈现可视化的地理历史数据，直观展示方志、作者、组织机构等的知识地图分布，充分展示方志目录这一特有的历史文化资源的时空特性。

5.4　方志索引编纂中引入现代信息技术

方志索引起着工具书的使用价值，随着计算机和网络技术的普及，方志编修人员尝试将现代信息技术运用到方志索引编制工作中，以计算机辅助编制索引的方式，在人工标引的同时，将款目排序以及参照系统设置等级交由计算机自动完成。北京图书馆（现国家图书馆）地方志家谱文献中心"新方志人物传记数据库"（1994）首次将计算机引入方志索引的编制，后来的"方志人物传记索引数据库"（1998）、"中国地方志宋代人物资料管理系统"（2000）等均是基于此完成。目前，数字人文技术在方志目录中的应用尚处于起步阶段，欠缺数字人文环境下新方法的探索，更多停留在方志数字化、方志目录数据库建设的实践层面，基于数字人文的开发和应用研究较为欠缺。

方志目录取得的成绩和预示的未来前景，必将促进方志目录学的深化发展。方志目录学从产生、发展到最终确立，始终与方志理论、修志实践紧密相连，随着方志学、目录学学科分工的细化和研究的深入而逐步走向成熟。目前方志学和目录学理论建设已经取得一定成绩，而对方志目录及方志目录学的研究仍存在一定争议，方志目录学理论体系建设刻不容缓。一直以来，方志目录学理论研究滞后于方志书目工作，相关实践缺乏方志目录学理论的系统指导。为了进一步活跃方志学、目录学的理论研究工作，促进修志事业向纵深发展，需要从宏观层面建立方志目录学，进一步挖掘方志目录的时代价值，推动方志的"活"化传承，力求从多角度挖掘和利用方志目录资源。"国家文化数字化战略"与数字人文背景下，方志目录学面临着转型与发展的新一轮变革，需要以全新的方式弘扬中华优秀传统文化，促进地方经济、文化事业的繁荣。

参考文献：

[1] 西安市文物管理委员会.志书目录[M].西安:西安市文物管理委员会,1982:前言.

[2] 孙学雷.地方志书目文献丛刊[M].北京:国家图书馆出版社,2004:序言.

[3] 陆振岳.方志学研究[M].济南:齐鲁书社,2013:188-189.

[4] 柯平.论方志艺文志[J].武汉大学学报(社会科学版),1986(1):179-188.

[5] 柯平.方志艺文志的整理与发展管见[J].江西方志,1989(3):66-69.

[6] 柯平.中国目录学史[M].北京:中国社会科学出版社,2022:469-470.

[7] 武汉大学北京大学《目录学概论》编写组.目录学概论[M].北京:中华书局,1982:8-10.

[8] 吕志伟.方志学基本问题及研究内容探究[J].上海地方志,2020(1):25-30,94.

[9] 黑龙江省志编审委员会办公室.新县志编纂初探[M].哈尔滨:黑龙江省志编审委员会办公室,1985:44.

[10] 马春晖.中国传统方志艺文志研究[M].北京:国家图书馆出版社,2015:41.

[11] 冀祥德.顺利完成地方志第一个百年奋斗目标奋力开启地方志第二个百年奋斗目标新征程——在2021年全国地方志机构主任工作会议上的工作报告[J].中国地方志,2021(3):4-15.

[12] 巴兆祥.方志目录学刍议[J].中国地方志,2003(3):6-13.

[13] 杨军昌.中国方志学概论[M].贵阳:贵州人民出版社,1999:296-299.

[14] 谭烈飞.北京方志提要[M].北京:中国书店,2006:序.

[15] 徐鹏.七十年来海外收藏中国方志研究综述[J].中国地方志,2013(6):20-25,3.

[16] 傅振伦.中国方志学通论[M].北京:北京燕山出版社,1988:85.

[17] 柯平.论地方文献书目[D].武汉:武汉大学,1986:16-17.

[18] 柯平.试论地方文献书目的类型与功能[J].晋图学刊,1992(4):53-56,21.

[19] 赵国璋,朱天俊,潘树广.社会科学文献检索:增订本[M].北京:北京大学出版社,2005:153.

[20] 刘光禄.中国方志学概要[M].北京:中国展望出版社,1983:90.

[21] 柯平.我国地方文献的书目控制[J].图书馆界,1993(2):45-48.

[22] 薛红.中国方志学概论[M].哈尔滨:黑龙江人民出版社,1984:99.

[23] 王复兴.方志学基础[M].济南:山东大学出版社,1987:340.

[24] 陈杏珍.地方志著录琐谈[J].图书馆学通讯,1986(4):42-47.

[25] 赵耿奇.修志文献选辑[G].北京:北京燕山出版社,1990:前言.

[26] 谢灼华.论方志目录[J].湖北方志通讯,1983(8):34-37.

[27] 吕志毅.方志学史[M].保定:河北大学出版社,1993:428.

[28] 章学诚.文史通义[M].上海:上海古籍出版社,2015:191.

[29] 莞城图书馆.容肇祖全集[M].济南:齐鲁书社,2013:3656.

[30] 姚名达.中国目录学史[M].北京:商务印书馆,1937:407.

[31] 来新夏.古典目录学浅说[M].北京:中华书局,1981:27.

[32] 沈松平.方志发展史[M].杭州:浙江大学出版社,2013:自序.

[33] 张国淦.中国方志考序[M]//张国淦.张国淦文集.北京:燕山出版社,2009:497.

[34] 赵太和.从独立成子目成部类到独立成专目——中国方志目录源流新考[J].中国地方志,2021(6):24-31,124-125.

[35] 陈郑云.论近代图书馆对方志学的促进作用[J].图书馆杂志,2020(10):18-23.

[36] 中国大百科全书(第三版)总编辑委员会.中国大百科全书:第三版.图书馆学[M].北京:中国大百科全书出版社,2022:68.

[37] 张升.民国时期方志搜求热考述[J].近代史研究,2004(3):218-252.

[38] 顾颉刚.《中国地方志综录》序[G]//李泽.朱士嘉方志文集.北京:燕山出版社,1991:15.

[39] 陈光贻.中国方志学史[M].福州:福建人民出版社,1998:217-218.

[40] 巴兆祥.论方志目录学[J].新世纪图书馆,2003(3):31-36.

[41] 王德恒.中国方志学[M].郑州:大象出版社,2009:138-139.

[42] 来新夏.方志学概论[M].福州:福建人民出版社,1983:154-162.

[43] 曹培根.书乡漫录[M].石家庄:河北教育出版社,2004:147.

[44] 地方史志研究组.中国地方志论集:1911—1949[C].长春:吉林省地方志编纂委员会,1985:序.

[45] 郑一波,陈瑞,曾建勋.数字环境下联合目录体系创新研究[J].数字图书馆论坛,2021(10):8-15.

[46] 陈涛,张靖,赵宇翔,等.数字人文实践中特藏资源的关联数据实现机制探索——以方志资源为例[J].情报理论与实践,2022(7):180-187,147.

[47] 鲁丹,李欣.数字人文环境下异构方志元数据整合策略[J].图书馆论坛,2019(4):158-165.

[48] 黄涛,李珏,张浩,等.地方志文献的可视化技术与方法研究[J].新世纪图书馆,2019(3):64-71.

人工智能对阅读推广的影响与促进

范并思（华东师范大学信息管理系）

1 信息技术与阅读推广

20 世纪 90 年代中后期，图书馆服务领域出现两个重大变革。这两个变革延续至今，对图书馆事业产生了深远的影响。一个变革是信息技术应用带来的变革。信息技术应用于图书馆，最初只是帮助图书馆人提升服务效率，或减轻图书馆员的工作强度。如联机编目提升编目效率，搜索引擎提高了参考咨询的效率。但很快信息技术就深度影响图书馆业务流程，如联机编目的发展几乎使图书馆分编业务退出图书馆流程的核心环节，全文数据库的普及使连续出版物管理与服务等业务持续边缘化。另一个变革是图书馆阅读推广的发展。阅读推广最初只是图书馆借阅服务的一种补充，如借阅部门展示新书卡片进行新书推荐。自 20 世纪 90 年代起，以"活动"为主要形式的新型服务获得较快发展。经过 20 余年的发展，阅读推广从零星的、辅助性的图书馆服务发展为图书馆主流服务方式之一，成为图书馆丰富服务方式、拓展服务人群的最有力手段。特别是在儿童青少年服务、老年人服务和非阅读人群（Non-Reader）服务领域，阅读推广已经成为最主要的图书馆服务模式。

在相当长的一段时间里，信息技术应用和阅读推广这两个最活跃的图书馆服务领域，相互缺乏关联。信息技术在图书馆应用的早期，解决问题主要是以组织文献信息、揭示文献内容为宗旨。这些问题与图书馆员开展阅读推广活动的交集很少。这两个领域的理论基础与方法不同，面对的问题和解决问题的路径不同，研究人群和应用人群也不同。在图书馆人看来，信息技术领域高深而前沿，立项就是大投入，发文就是顶刊、核刊；而阅读推广则似乎较传统图书馆服务再降了几个档次。阅读推广的活动主体，无论图书馆员还是儿童家长，似乎不需要经过专业学习或资质认证，就能成为活动策划人、故事主讲人。阅读推广的诸多活动类型中，除了讲座、展览仍与图书馆知识与信息服务保持一定联系外，多数服务如儿童绘本故事、儿童手工、亲子活动、老年人信息素养培训等很难使人将其与专业的图书馆知识与信息服务相联系。

信息技术在图书馆的应用，最终目标仍是提升图书馆业务能力。无论技术研发多么高深，解决图书馆管理与服务中的现实问题仍是其归宿。阅读推广是图书馆新型服务，在热闹的活动背后，是图书馆履行推动、引导、服务全民阅读的法定使命，提升公众的阅读意愿与阅读能力的新型服务内涵。阅读推广是落实平等、多元、包容的服务理念的重要服务，具有其他服务不可替代的重要作用。图书馆阅读推广面临大量现实问题，需要引入新理论、新技术、新方法予以解决。其中最重要的无疑是与信息技术相关或由信息技术支撑的理论、技术与方法。当前图书馆阅读推广在经历了早期的探索性发展后，正在走向专业化服务的道路。阅读推广对于服务绩效和服务均等化发展的需求越来越高。我国图书馆阅读推广的效率低下，以国际上阅读推广的通行指标之一"活动次数/年"为例，我国只有少数特大城市突破万次/年，嘉兴市图书馆达到5000次/年，即能成为网络名人跨年度演讲的核心话题[1]。导致这一现象的原因之一在于虽然公众对图书馆阅读推广的需求很大，但新颖实用的活动策划难度大、营销成本高，普及不容易。因此，图书馆阅读推广特别需要新的工具支持。而信息技术就是最有潜力的工具。同时，图书馆信息技术研发者也应当在阅读推广这一迅速发展的新型服务中寻找新的应用场景，解决阅读推广中存在的现实问题，推动阅读推广的专业化发展及服务效率的提升。

信息技术应用于图书馆阅读推广，原本是一件极为困难的事。信息技术在图书馆的早期应用主要是围绕文献信息组织展开，如开发机读目录、建立图书馆集成系统、提升数字化文献信息服务等。计算机的信息处理、存储和传递能力天然适合文献信息处理。因此，21世纪以来，信息技术对图书馆虚拟服务和实体图书馆管理提供了极为有力的支持。但是，在相当长的一段时间里，信息技术在阅读推广方面的应用并不顺利。图书馆的阅读推广活动主要靠图书馆管理者的感觉选择活动项目，靠图书馆员的智慧提供创意，靠图书馆员的活动能力开展活动，靠图书馆员的人际关系吸引读者。许多活动的成本很高，受众面却很小。图书馆阅读推广面向社区的下沉，或者阅读推广的均等化，亟待更有力的工具支撑。

2　人工智能应用于阅读推广研究

虽然信息技术在阅读推广领域的应用难度很大，但图书馆人仍然做出了不少有益的尝试。如2017年中国图书馆学会阅读推广委员会开展的"扫码看书，百城共读"活动，就是阅读推广中应用信息技术的生动案例。该活动用技术解决多城多馆共读的资源瓶颈问题，用活动化服务的方式达到推广"扫码看书"的目的，取得了极好的效果。当然，由于以往信息技术的应用多是关于文献信息的组织与揭示，面向阅读推广核心业务的深度应用还比较罕见。

令人欣喜的是，近年迅速发展的人工智能技术，特别是以 ChatGPT 为代表的生成式人工智能技术，一经出现即展示出应用于阅读推广的巨大潜力。生成式人工智能利用复杂的算法、模型和规则，从大规模数据集中学习，致力于创造新的、不亚于人类大脑的原创内容。这项技术不但能够创造文本，还能创造图片、声音、视频等多种类型的内容。人工智能生成的原创性文本、图片、声音、视频，非常适合图书馆阅读推广活动中对于创意文本、活动环境营造和活动课件创作的需求，有望极大提升阅读推广的效率。

ChatGPT 问世后，图书馆人立即开展大规模的应用探索，出现了许多研究文献。现有文献很少专门讨论 ChatGPT 在阅读推广中的应用，但在应用讨论文献中，许多应用场景就是阅读推广。例如，《ChatGPT 在图书馆服务中的应用》（"Use of ChatGPT in Library Services"）[2] 一文主要讨论 ChatGPT 在参考咨询服务中的应用，列举了 14 项图书馆服务应用场景。所列举的应用场景不少与读物推荐相关，如个性化阅读推荐、书籍推荐、推荐系统等，这些场景与阅读推广中的图书推荐活动密切相关，另有一些涉及读者互动的应用，如交互式教程、读者公告等，也与阅读推广间接相关。尽管主要讨论参考咨询服务，文章中却也没有回避阅读推广，如图书馆推广活动（Promote Library Programs）和外展与参与（Outreach and Engagement）都是讨论 ChatGPT 在阅读推广领域的直接应用。更深入讨论 ChatGPT 在图书馆阅读推广中应用的文章是《ChatGPT：图书馆服务的福音》（"ChatGPT：A Boon to Library Services"）[3]，这篇文章认为 ChatGPT 可以用来宣传图书馆的活动，告知读者预期的活动。图书馆阅读推广的活动，如图书俱乐部、作者见面会、研讨会、图书馆营销、合作和伙伴关系、用户调查和反馈、图书馆项目和活动、社区拓展、志愿者和咨询、社交媒体参与等，都是 ChatGPT 可能的应用领域。

ChatGPT 在图书馆的应用来势极猛，以至于工具类应用文献也产生了，如《用 ChatGPT 增强图书馆服务：图书馆员指南》[4]（"Enhancing Library Services with ChatGPT Prompts：A Guide for Librarians"）。该指南将 ChatGPT 在图书馆的应用归纳为 6 个方面：

（1）个性化阅读推荐。图书馆员可以使用 ChatGPT 为读者生成个性化的推荐书目。图书馆员可将用户阅读的兴趣、首选类型和以往阅读记录等信息提交至 ChatGPT，由 ChatGPT 为用户量身定制书单。这不仅提升了读者的阅读体验，也彰显了图书馆对个性化服务的承诺。

（2）研究助理。图书馆员经常需要协助用户进行各种研究查询与咨询。ChatGPT 可以作为补充工具，帮助图书馆员提供快速准确的信息。图书馆员可以使用 ChatGPT 生成与特定主题相关的背景信息、书目详细信息或摘要，从而简化用户的研究过程。

（3）互动学习。图书馆正在演变为动态的学习空间。图书馆员可以利用 ChatGPT 为用户创造交互式学习体验。例如，可以开发基于聊天的测验，进行语言的学习练习。这种互动活动不仅为图书馆服务增添了趣味元素，还促进了社区的持续学习。

（4）虚拟咨询台。现在用户通过电子邮件和社交工具进入虚拟咨询非常盛行，图书馆员可以使用 ChatGPT 建立虚拟咨询台。用户可以通过聊天界面提出问题、寻求信息并获得帮助，这是面对面咨询台的另一种形式。这种方法为在线用户提供了便利。

（5）讲故事和文学活动。图书馆员可以通过结合 ChatGPT 问答来增强读书活动和故事活动的互动。可用 ChatGPT 创建交互式故事、对话，甚至为用户生成创意写作提示。这为图书馆阅读推广活动增加了一个独特的、技术驱动的维度，吸引了不同的活动参与者。

（6）语言翻译服务。在多元文化社区中，语言多样性可能是图书馆员面临的挑战。图书馆员可以利用 ChatGPT 提供基本的语言翻译服务，从而与不同母语的用户进行有效沟通。这提升了图书馆的包容性，并确保更广泛的受众能够访问使用图书馆资源。

上述 6 种应用几乎都可支持图书馆阅读推广。如机器辅助的个性化读物推荐较图书馆员编制推荐书目更加便利，速度更快，同时在阅读兴趣的选择方面也更具有客观性，能避免由于某些图书馆员自身知识面、兴趣点的限制，导致推荐书目长期局限于狭窄的特定领域；互动学习、虚拟咨询台等应用将图书馆原有的虚拟社区和虚拟服务进行了提升，更有利于阅读推广这类非文献类的图书馆服务；语言翻译服务能帮助图书馆员克服面向多元文化社区服务时的语言障碍，更加自如地在各类社区开展阅读推广活动；人工智能支持的讲故事等文学活动更是直接增强了图书馆员在故事活动、儿童亲子活动中的能力，这些活动一直是图书馆阅读推广的主要类型。

另一份指南《ChatGPT 图书馆用户指南》（"ChatGPT User Guide for Libraries"）[5] 列出的 10 个应用场景中，只有"社区服务"涉及阅读推广。指南中对社区服务应用的解释是：

ChatGPT 可以协助规划和管理社区服务。它可以提供有关阅读计划、研讨会活动、特别活动等的建议。

在这一应用场景中图书馆员可向 ChatGPT 提出的问题包括：

"有哪些有趣的阅读活动可以吸引青少年？"

"请就开展有创意的研讨会活动来提高学龄前儿童的识字能力提出建议。"

"我们如何利用图书馆空间举办有利于当地社区的特殊活动？"

值得说明的是，生成式人工智能发展较为迅速，现在可以读到的关于人工智能促进阅读推广的文献，包括应用方案和应用实例，都是 ChatGPT 诞生之初的产物。现有应用并没有完全发掘生成式人工智能工具在阅读推广中的应用潜力。图书馆人对于如何应用人工智能技术提升阅读推广的专业性和效率，还需要更多探索。人工智能研发者也应当在图书馆阅读推广领域寻找新的空间，开发更多的适用产品。

3　人工智能应用案例

因为生成式人工智能产生的时间并不久，各种文献中对于 ChatGPT 应用的讨论比较抽象。以下两个应用案例可以使我们更加直观地了解生成式人工智能对阅读推广活动的帮助。

案例 1：生成活动创意

图书馆阅读推广是活动化的服务，与传统的文献借阅服务相比，服务中要求图书馆员具有很强的活动创意能力，包括精彩的创意、精心的策划、创建新颖的品牌等。这些能力与图书馆员既有的文献组织、保存和利用能力之间存在较深的鸿沟，而这种鸿沟造成图书馆人从事阅读推广的最大短板。现在图书馆开展阅读推广，除极少数图书馆有自己的策划"高手"，可以自己开发创意活动外，更多图书馆是模仿他人创意开展活动。创意水平不高成为图书馆阅读推广遇到的瓶颈之一。而生成式人工智能技术却可以使图书馆员轻松弥补短板，成为创意与策划的高手。用生成式人工智能产品生成活动创意、标语口号，最大的特点是不拘一格且生成速度快，可以迅速地、源源不断地生成创意文字，供阅读推广人进行参考、选择。例如，2023 年 5 月 6 日查尔斯三世的加冕典礼前，英国一家图书馆计划为查尔斯国王加冕典礼设计书展。该馆馆员应用 ChatGPT 为书展创建标语，得到的 5 个结果是：

新时代的曙光：探索查尔斯国王加冕典礼的历史

国王万岁：发现查尔斯登上王位背后的故事

皇室事务：时光倒流，见证查尔斯国王的加冕典礼

从仪式到历史：揭开查尔斯国王加冕典礼的意义

至高无上的荣耀：探索查尔斯国王加冕典礼的盛况和环境

这些文字相当精彩。不过当时 ChatGPT 还不够成熟，学习语料也只有 2021 年以前的。所以 ChatGPT 假设这一问题中的查尔斯国王加冕典礼是查尔斯一世或查尔斯二世。人工智能创意设计的这些不足，需要图书馆员根据书展内容进行再加工。

我曾按这个模板，假定上海某图书馆在《繁花》沪语版上演之际计划举办沪语知识展，并打算作为案例参加阅读推广案例大赛，由"文心一言"为该展览策划展览名称。得到的结果及说明之一为：

（1）名称：

繁花沪语：王家卫电影与上海文化

（2）说明：

这个名字可以让人们想起《繁花》的沪上背景和沪语版的独特魅力，同时也能吸引那些喜欢上海文化的人。

案例2：生成儿童睡前故事

儿童睡前故事是指父母在哄孩子入睡前讲的故事。故事一般以童话题材为主，可以帮助孩子很快进入睡眠，并有助于儿童智力发育，增进亲子关系。睡前故事看似简单，讲好并坚持并不容易，需要家长根据孩子发育及时间（季节、节日等）、场景选择故事内容，编排讲授大纲并用标准发音的语言，生动形象地表达故事内容。因此，家长讲睡前故事需要帮助。国外许多图书馆将帮助家长学习讲睡前故事作为亲子阅读服务内容，如编制睡前故事书目录，为小孩父母开办睡前故事技能课，等等。许多儿童对睡前故事有个性化要求，以往图书馆支持个性化的手段就是编制睡前故事目录，这些目录可细化到主题，如国外有些图书馆主页上提供的睡前故事目录包括"动物""森林""父亲"等。

给孩子讲睡前故事对父母的要求较高，如要有一定的资金以保证故事书储备，父母需要较充裕的时间选书、备课和阅读，父母还需要一定的朗读天赋以确保孩子接触的语言是标准的，等等。由于这些限制，国外家庭阅读中常见的睡前故事活动在我国并不常见，图书馆也很少有帮助家长学习讲睡前故事的活动。生成式人工智能的应用产品却轻松解决了睡前故事的难点。如国外已出现的生成式人工智能产品奥斯卡故事（Oscar Stories）。与先前的儿童故事网站靠大量罗列故事书不同，奥斯卡故事可在经典故事的基础上个性化生成新的故事。它解决了家长讲睡前故事的两个问题：

第一，故事的个性化问题。在生成式故事中，孩子们可以使他们自己成为个性化故事的主角，选择独特的角色和职业，完成独一无二的冒险。例如，在《丛林之书》和《爱丽丝梦游仙境》中，孩子可以与莫格里一起穿越丛林，或与爱丽丝一起探索神奇的领域，让这些经典故事更加引人入胜。

第二，语音标准化。不是每位家长都有做老师的天赋或能力，语音、语气、语速等都可能使故事内涵无法准确表达给孩子。现在人工智能可根据故事内容及孩子年龄性别等生成语音。借助人工智能生成的个性化故事，可以转换为有声读物。用规范、专门针对儿童的声音，使孩子将故事中的场景变成独特的听觉体验，能激发他们的想象力并有助入睡。

正因为有这些功能，奥斯卡故事已经引起图书馆员的关注。奥斯卡故事可免费试用，但深度使用要付费。目前还没有看到图书馆购买该产品供读者免费使用的消息。但这不妨碍图书馆对父母进行人工智能睡前故事培训，并鼓励有条件的家庭购买奥斯卡故事的深度使用权，以更好地开展睡前故事活动。

从这两个案例看，生成式人工智能的确是一种可以为阅读推广提供强有力支持的新型工具。因此，图书馆阅读推广人应该更多关注人工智能对阅读推广的支持，主动介入人工智能技术在图书馆阅读推广中的应用，与图书馆信息技术研发商、研发人员一起，推动人工智能在阅读推广中的应用。

参考文献：

[1] 罗振宇.罗振宇2019—2020 "时间的朋友"跨年演讲精华版全文[EB/OL].[2024-08-31]. https://baijiahao.baidu.com/s?id=1654455863538944001&wfr=spider&for=pc.

[2] MALI M T S, DESHMUKH R K. Use of Chat GPT in library services[J]. International journal of creative research thoughts, 2023, 11（4）: 264-266.

[3] PRATHIBHA S N, SHILPA R N R. ChatGPT: a boon to library services[J]. LIS Links, 2021.

[4] ISMAIL. Enhancing library services with ChatGPT prompts: a guide for librarians[EB/

OL]. [2024-04-15]. https://ai.plainenglish.io/enhancing-library-services-with-chatgpt-prompts-a-guide-for-librarians-11166106d5ac.

[5] AYHAN B. ChatGPT user guide for libraries[EB/OL]. [2024-04-15]. https://medium.com/@ayhanbzkrt/chatgpt-user-guide-for-libraries-c09667745a8.

再发现图书馆 共读现代文明

李东来（东莞图书馆） 杨延平（河北大学管理学院）

1 图书馆：人类文明的象征

图书馆作为人类文明的象征，其发展历程与人类文明的进程紧密相连，与社会变革息息相关，与时代需求密切相连。文明的形成主要由城市、冶金和文字三要素构成。文字既拥有多样性，又具有统一性。自文字出现以来，从龟壳、铭文、石碑到竹简、丝帛和纸张，人类文明的记录方式经历着一次又一次的革新。据统计，目前我国拥有汉文古籍270余万部，其中包括13026部珍贵古籍[1]，这些书籍不仅是中华民族的宝贵财富，也是五千年华夏文明的重要载体，代表着文脉的传承和文明的赓续。与此同时，书籍的保存与管理问题也成为从古至今所必须解决的问题。作为书籍的集聚之所，早期的图书馆主要以皇家书阁或藏书楼等形式出现，比如明代嘉靖年间修建的天一阁①和清朝修建的"四库七阁"②。《别录》和《七略》是西汉时期著

---

① 明嘉靖四十年至四十五年（1561—1566），明兵部右侍郎范钦主持建造藏书楼，并命名为"天一阁"，时藏书七万余卷，现位于浙江省宁波市海曙区。
② "四库七阁"是中国清代收藏《四库全书》的7座藏书楼的总称。七阁的建设，因地点、环境及各种因素条件的不同，分别进行了新建、改建和扩建等工程的实施，但均仿天一阁的构建之制。

名学者刘向刘歆父子主导编撰而成，它们不仅展示了我国古代的图书分类方法，还对我国目录学的发展产生了深远影响。

　　作为人类文明进步的产物，图书馆的产生和发展与社会变革和时代需求密不可分。1850 年英国颁布了世界上第一部公共图书馆法——《公共图书馆法》（ *The Public Libraries Act* ）①。该法案是英国在全国范围内设立免费信息获取机构的首次立法，彰显了英国政府对公民道德、社会发展和教育水平的重大关切。在我国的史料中，"图书馆"一词最早出现于 1896 年发表在《时务报》上的《古巴岛述略》一文。张元济于 1897 年创办通艺学堂图书馆，亲自制定了《图书馆章程》十二条，在办馆宗旨、藏书建设、图书分类、人员配备、借阅办法、图书赔偿、借阅册数、借阅时间以及图书捐赠等方面都有明确规定。这也是目前我国发现最早的、最具有开创性意义的图书馆章程。1920 年成立的亢慕义斋是我国最早的以收集和传播马克思主义文献为使命的图书馆，在中国近现代图书馆发展史上具有十分重要的意义。

　　图书馆是因时代需要而产生的。它们提供普遍、平等、共享的文献知识服务，保障民众的阅读与学习权利。图书馆搜集、保存、整序、传递和开发利用着人类最珍贵的文明成果，并以一种社会信息资源的形式，表达着人类文明发展的社会需要和历史内涵。它既是文明文化发展的历史产物，也是新时代背景下文明文化的见证者和记录者。

2　图书馆：现代文明的传习所

　　2013 年 3 月 23 日，国家主席习近平在莫斯科国际关系学院演讲，首次提出人类命运共同体理念。2023 年 3 月 15 日，在中国共产党与世界政党高层对话会上，习近平总书记提出四个"共同倡导"，为推动文明交流互鉴、

---

①　全称《促进城镇议会建立公共图书馆和博物馆的法案》（ *An Act for Enabling Town Councils to Establish Public Libraries and Museums* ）。

促进人类文明进步提供了中国方案。人类知识共同体作为人类命运共同体的重要组成部分，体现了全球范围内的知识共享和交流。中华文明以其包容性和绵延不断的特点，在新的历史时空中应承担更大的责任和作用，图书馆作为这种文化和文明的载体和标志，在此过程中具有至关重要的地位。在新时代文明背景下，认识图书馆就是认识人的发展，认识人性的演进，认识人类自我的成长，也是告诉每个人，图书馆是个体精神成长的最好途径。

2.1 图书馆在全民阅读推广服务体系中的新认知与新担当

全民阅读推广服务体系是在知识服务、阅读推广、文化自信和文明养成等方面推进中国式现代化的主要举措。2022 年 4 月 23 日，首届全民阅读大会在北京开幕，习近平总书记在贺信中指出："希望全社会都参与到阅读中来，形成爱读书、读好书、善读书的浓厚氛围。"[2] 2023 年 4 月 23 日，第二届全民阅读大会在浙江杭州开幕，李书磊在开幕式讲话中指出："要把阅读作为最基本的文化建设……着力满足人民的阅读需求，加快构建覆盖城乡的全民阅读推广服务体系，提供处处可读、时时可读、人人可读的文化条件，推动读书习惯的养成"[3]。由全民阅读到全民阅读推广，再到全民阅读推广服务体系由活动号召到工作指南，更加明确和强调了社会相关职能机构和政府部门的责任和任务。在新的时代和社会背景下，图书馆需要新认知、新担当，成为全民阅读推广服务体系的中坚和保障，拓展和深化全民阅读推广服务工作，助推中华民族现代文明建设。图书馆所具有的图书文献持续积累、整体性知识体系传承、人类文明共处包容等特点可以为新时代的文化建设做出贡献，更可以在赓续不断的文献史和阅读史中体现中国文脉和中国特色。

图书馆服务体系是全民阅读推广服务体系的主阵地，也是公共文化服务体系建设总体战略的重要组成部分，在整个公共文化服务体系中具有基础性和先导性的作用和价值[4]。公共文化服务体系是建设社会主义文化强国的基础工程，是全面建成小康社会的重要内容。建设和拓展图书馆服务体系应该作为新时期全民阅读推广服务体系的重要构成。

图书馆阅读推广服务体系具有引领性和示范作用。作为精神文明建设的重要窗口和社会文化传播的重要机构，图书馆在开展全民阅读活动上具有独特的优势，是各地全民阅读活动中的核心力量、主要阵地和重要组织者[5]。在全民阅读活动中，图书馆界也发挥着主阵地的先导作用。《中国图书馆学会"十四五"发展规划纲要（2021—2025年）》明确提出，通过建立全民阅读指导体系、加强阅读推广理论研究及成果应用、加大文献资源应用推广力度、举办全民科普与阅读活动、完善阅读推广活动成果评价机制、加强业内力量整合和社会合作、推进和创新多元素养教育等多项具体举措[6]，大力推动全民阅读，营造阅读氛围，让读书成为社会的主流风气。

加快构建全民阅读推广服务体系必须抓住"三要素"，即阵地、活动和机制。阵地是要加强图书馆设施、资源、技术和体系建设，为阅读推广提供良好的条件；活动是要借助各种推广方式，开展丰富多彩的阅读活动，提升公众的阅读兴趣和阅读能力，为阅读推广提供有效的载体；机制是要建立健全组织、引导、培育、评价、激励机制，为阅读推广提供持续的动力[7]。三者的有机结合有利于更好地推进阅读推广工作，也能更好地体现图书馆作为全民阅读推广服务体系主阵地的特点和重要作用。

随着新兴信息技术和传播媒介的广泛应用，数字阅读已经成为人们日常生活的组成部分，必须重视数字基础设施和智慧图书馆的支撑作用，加快构建全民阅读推广服务体系的数字基础设施，从"平台＋资源""组织＋统筹""基础保障＋多层社会服务"三个方面推动全媒体阅读[8]，利用技术优势，实现线上线下互动，助力和丰富图书馆阅读服务活动。

基于对全民阅读推广服务体系的新认知，必须探索全民阅读推广服务体系拓展深化的新路径，整合资源，关注不同群体的需求，在全民阅读的内容领域发力，从标准化建设、专业化服务、社会化合作三个方面拓展深化全民阅读推广服务体系[9]。这一工作既要符合新时代新环境的要求，也需要借助新理念和新技术的支持。

2.2　新世纪 20 年阅读与阅读推广发展回顾

21 世纪以来伴随中国社会化进程和城镇化进程的推进，图书馆阅读推广的主动作为更为明显。2000 年 12 月，上海正式启动"城市中心图书馆建设项目"，开启了全国城市图书馆公共文化服务体系建设的发展历程。随后，北京、佛山、深圳、东莞等先行城市开始探索与实践。2005 年 1 月，中共中央办公厅、国务院办公厅印发《关于加快构建现代公共文化服务体系的意见》，推进了公共图书馆服务体系的法治化、规范化。2005 年 10 月，中国图书馆学会在河南举办首届"百县馆长论坛"，达成《林州共识》，推进县级图书馆总分馆制建设。2006 年，文化部在东莞组织召开"区域图书馆协同发展交流会"，大力推动全民阅读推广服务体系建设工作。中国图书馆学会在 2006 年和 2007 年举办的新年峰会上总结和回顾了过去几年阅读推广活动的成果，并设立多个奖项，对全国的阅读推广工作起到了激励作用。2010 年 12 月，文化部和财政部联合印发《关于开展国家公共文化服务体系示范区（项目）创建工作的通知》，要求"在全国创建一批网络健全、结构合理、发展均衡、运行有效的公共文化服务体系示范区，培育一批具有创新性、带动性、导向性、科学性的公共文化服务体系项目，为我国公共文化服务体系建设探索经验、提供示范"[10]，从国家层面组织实施公共文化服务体系示范区的创建，加快了公共图书馆阅读推广体系的建设步伐。随后 10 年，我国的阅读推广工作在法律法规的保障和行业组织的推动下迎来了新的发展机会。

中国图书馆学会在全民阅读中，发挥了先导作用，展现了职责担当。梳理全民阅读领域的工作、活动、事件，可以清晰地看到图书馆人的主动作为。2003 年 12 月，中国图书馆学会于"全民读书月"期间，向社会公开征集"全民阅读"徽标，并于 2004 年 4 月 23 日正式发布这一徽标。2004 年起，中国图书馆学会带动全行业积极参与"世界读书日"的宣传，每年在节日前后举办丰富多彩的阅读推广活动，为全国的全民阅读活动奠定了一个良好的基础，展现了图书馆人在全民阅读中的责任和使命，以及图书馆人的力量。2006 年，中国图书馆学会增设了专门开展阅读推广工作的组织——科普与阅读指导委员会，负责规划、指导、协调和组织阅读推广及相关学术研究活动。科普与阅读指导委员会于 2009 年改名为阅读推广委员会，历经多次拓展、整合和提升，目前规模已达到 26 个专业组。中国图书馆学会阅读推广委员会自成立以来，广泛吸收来自全国各级各类图书馆及阅读推广相关组织的力量，大力促进全国图书馆的阅读推广工作，创建全民阅读活动品牌，丰富阅读推广实践，培养阅读推广专门人才。

2.3　图书馆阅读推广工作的指导方针

图书馆行业成立专门的阅读推广组织，可以更好地凝聚行业力量、展现专业特色、明确工作方向。在时代发展的大环境下，中国图书馆学会确立了阅读推广服务的指导方针，即关注现实，呼应社会精神提升的普遍需求；依托体系，提高图书馆阅读推广服务能力；注重专业，发挥图书馆独特价值与理性认知；完善自己，认识和展现新时期图书馆的社会使命。总体的工作思路就是在过往经验的基础上，建造阅读推广工作大厦，以标准规范为坚实基础，以活动整合、文献推介、专业研究为重要支柱，以再发现图书馆为房梁屋顶[11]，通过阅读推广工作，让社会再认识图书馆，让图书馆人在阅读推广工作中重新认识自己的价值与使命。

作为这座大厦的地基，制定标准规范的重要性不言而喻。自中国图书馆学会设立阅读推广标准与评价专业组以来，已经产出了一些有价值的工作成果，比如阅读推广标准规范和统计评价体系、阅读推广项目规范指南和工具包等；活动整合和文献推介需要图书馆界共同行动，从理论思考和实践指导方面为全国阅读推广工作提供助力。当前活动融合的重点方向主要包括：文旅融合、数字阅读、家庭阅读、少儿阅读、新型阅读空间建设、讲坛与培训等；文献推介是现今图书馆工作的重要内容，也是让社会再发现、再认识图书馆的核心。图书馆应以文献为核心强化内容，加强文献研究和推荐书目研究，同时利用新兴技术或媒介丰富内容推广方式。在行业组织的领导下，通过建立全国图书馆联动项目，大力推广优秀的样本案例和成熟的阅读项目，吸收优秀项目的经验，可以更好地向社会展示图书馆的形象，传播图书馆的优秀活动品牌；在专业研究层面上，应进一步开展阅读推广人培育工作，重视阅读推广人自身能力的提升；继续开展阅读推广课题申报，为图书馆、图书馆人提供展示阅读推广理论及实践成果的重要平台；同时继续组织学术专著的编辑出版，与繁荣发展的阅读推广活动相比，目前相关的理论成果较少，仍需加大支持力度，鼓励更多的阅读推广人重视和参与阅读推广基础理论的研究，实现从实践成果向理性思考的升华。

3 再发现图书馆：认识自己

在高质量发展的大环境下，图书馆应该思考如何发现和利用自身优势，在社会中发挥积极作用，展现图书馆工作的独特价值。在历史经验的基础上，结合如今的时代需求回归图书馆专业本身，认识自己，做好图书馆自己的事，完成图书馆新的使命和责任，从而使社会再发现图书馆、再认识图书馆。图书馆再发现由社会发现、自我发现、理性发现三个方面层层递进，涵盖着馆员发现、馆舍发现、活动发现、读者发现、文献发现（知识发现）、温情发现（图书馆人）、专业发现（图书馆事）和价值发现等多个分支。

3.1 馆员发现

图书馆要做好阅读推广，就必须重视图书馆人自身的阅读推广能力的提升，培养一批在社会上有影响的、富有图书馆专业特色的阅读推广人。从图书馆人自身开始，发现自己、认识自己，积极呈现图书馆在新时代背景下的新服务、新定位，从而实现图书馆从"以书为中心"到"以人为中心"的顺利转型。目前我国图书馆界经常关注其他领域阅读推广工作的实践，缺少对自身发展现状和问题的思考，图书馆员存在着特征不明显、专业不突出等多种问题，重塑图书馆员职业形象已经成为当前业界和学界的共同需要。在新的发展阶段，人们在解决物质温饱之后，对于精神和知识的需要将更为强烈。图书馆的存在与发展，其自省、自主、自立等主体意识是根基，通过确立自主意识、提升专业能力，促进图书馆人的自我认知发展，同时搭建展示平台，更好地展现人性的力量，重新塑造图书馆员的人物群像和专业风貌。以新闻客户端的"再发现图书馆·人物"系列专栏为例，通过记录优秀图书馆人的事迹和实践成果，向社会和公众展示了图书馆人的良好形象，也为业界提供了一个分享和学习的平台。

3.2　馆舍发现

馆舍发现主要是指阅读空间与环境的设计和完善，同时利用新兴传播媒介展示和推广具有影响力的空间设计案例，深入挖掘阅读空间场所的价值，为读者提供更舒适、便捷的阅读空间，推动图书馆服务创新与服务效能提升，为图书馆服务体系和全民阅读推广体系的建设添砖加瓦。目前我国阅读推广工作中已经出现了一批优秀的样本案例，比如东莞图书馆的漫画图书馆、绘本馆、粤剧图书馆、玩具图书馆等专题图书馆，很受读者欢迎。太原市图书馆的马克思书房，在确保文献资源充实的基础上，策划阅读活动，设计文创产品，既富有时代特色，又很好地展现了图书馆的新风采。

3.3　文献发现

图书馆不只是储存书籍的地方，它还是一个知识组织、知识管理、知识生产的单位。其中最重要的就是文献资源，图书文献的专业化组织、集中式的汇聚及开放式的服务是图书馆工作的核心内容[12]。文献发现是以图书馆丰富的文献资源为基础，利用大数据和人工智能等数字技术媒介，结合不同人群的阅读需求与阅读兴趣，深入挖掘和高效利用馆藏资源，提高活动策划丰富度，扩大优质数字阅读资源的覆盖面，为更多读者提供丰富的阅读资源与阅读体验，激发公众阅读热情，推动全民阅读纵深发展。以深圳图书馆"南书房"的经典阅读项目为例，该项目以家庭阅读为支点，通过创办阅读内刊、举办讲座、展览、征文等系列活动，倡导和推广家庭经典阅读，引领社会阅读新风尚。

3.4 活动发现

让人读书、让更多的人走进图书馆，是图书馆的使命。图书馆应主动面向社会需求，集中力量打造和推广规模比较大、范围比较广的阅读推广活动，提升图书馆全民阅读品牌效应，增强图书馆全民阅读品牌引领作用和社会影响。比如"让孩子发现图书馆——阅绘999"系列推广活动、"再发现图书馆——'一本书的诞生'巡展"以及湖南省图书馆学会和长沙市图书馆发起的"寻找家乡图书馆"活动，等等，这些活动已经在较大范围内产生了影响，具有一定的品牌效应。此外，中国图书馆学会全民阅读论坛是推动全民阅读理论研究和实践分享的重要品牌学术活动，自2007年起已连续开展16届，为提升图书馆全民阅读工作水平发挥了重要作用。比如从阅读主题来看，从2006年的"数字时代的阅读"、2009年的"建设书香社会"、2011年的"藏书益知　读书增慧"到2016年的"阅读，从图书馆出发"、2018年的"阅读，与法同行"、2020年"书香助力战'疫'，阅读通达未来"，既结合时代和社会需求，也不断累积，层层递进。

3.5 图书馆专业发展认知

图书馆是什么？图书馆学是什么？图书馆员做什么？图书馆阅读推广做什么？这四个问题可能是很多人的困惑，但也是一种警醒。全民阅读成为国家战略的今天，图书馆阅读推广需要清醒认识新环境、新要求等新阶段工作重点和特征。图书馆专业化就是发展图书馆自己。图书馆员是图书馆专业化的集中、突出、能动的最佳体现，图书馆专业人才的成长也离不开图书馆的专业化环境和专业性工作。21世纪图书馆事业蓬勃发展20年，已经开始进入以专业化支撑高质量发展的新阶段，同时学界与业界的融合也处在一个新阶段，聚焦图书馆的专业化发展，认识图书馆自己，具有重要的意义。2021年4月在北京大学举办的第二届中国图书馆馆长高级论坛上，参会的各地馆长和专家学者达成了全面提升图书馆事业专业化水平的共识，并发出推动图书馆专业化发展的倡议。倡议主要内容有：坚守初心使命，展现行业担当；注重内涵发展，锻造专业精神；推动技术赋能，重构核心业务；发挥体系优势，注重规范引领；对接社会需求，加强理论实践互动。

图书馆是人类文明的汇聚者、见证者、守护者、传播者、建设者，这是再发现图书馆的理性与价值基础。在新的历史发展阶段，图书馆阅读推广的工作重点是在过往经验的基础上，成为全民阅读推广的先行者；以图书馆服务体系和全民阅读推广体系为支撑，拓展和深入社会合作；紧握图书馆根脉，与中华文明相连；以发现馆员为重点，推进图书馆专业化建设。在文献聚集的图书馆里，集中存在并保存着中华文明的厚重基因与中华文化的传承核心。图书馆是传承和弘扬中华优秀文化的主体力量，要有为，要有用，要有效，要均衡，要专业，通过阅读推广工作让社会大众再发现图书馆的专业内涵与时代价值，为推动中华优秀传统文化创造性转化和创新性发展做出切实贡献。

参考文献：

[1] 全国汉文古籍普查工作基本完成[N].光明日报，2021-12-10（9）.

[2] 习近平致首届全民阅读大会举办的贺信[EB/OL].[2024-04-17]. http://www.qstheory.cn/yaowen/2022-04/23/c_1128588223.htm.

[3] 第二届全民阅读大会在杭州举办 李书磊出席开幕式并讲话[EB/OL].[2024-04-17]. http://www.news.cn/politics/leaders/2023-04/23/c_1129552108.htm.

[4] 李东来.新时期公共图书馆服务体系深化与区域协作思考[J].图书馆学刊，2023（3）：1-8.

[5][11][12] 李东来，郭生山.阅读推广：实践、现状与理论思考——李东来馆长专访[J].图

书馆理论与实践,2023（3）:8-14.

[6] 中国图书馆学会"十四五"发展规划纲要（2021—2025年）[EB/OL].[2021-09-09].
https://www.lsc.org.cn/cns/contents/1299/15358.html.

[7][8][9] 冯玲,李东来.图书馆在全民阅读推广服务体系中的新认知与新担当[J].中国图
书馆学报,2024（1）:4-12.

[10] 关于开展国家公共文化服务体系示范区（项目）创建工作的通知[EB/OL].[2011-02-
14].https://www.gov.cn/zwgk/2011-02/14/content_1803050.htm.

实践探索

全生命周期视角下非物质文化遗产数字化的反思与理路探析 *

锅艳玲　沈有菊（河北大学管理学院）　马　倩（保定市群众艺术馆）

非物质文化遗产（以下简称"非遗"）是千百年来劳动人民生产、创造的智慧结晶，是优秀传统文化的精华。然而，由于文化空间的急剧变化，大量非遗面临失存、失真、失传、失众的危险[1]。数字技术与非遗的记录、传播、创新发展不断结合，恰似给非遗注入了一剂"强心剂"，使其重新焕发魅力。任何形式的非遗保护最终都是要提高其生命力，数字化在助力非遗保护与传承方面取得了丰硕的成果，但仍然存在一些问题，主要是目前非遗数字化大多为运用数字技术记录非遗项目的形式和工艺，运用数字媒体传播非遗信息，基于数字资源开发文创产品等，看似是扩大了非遗的影响力，但对非遗代际接续传承方面贡献力不明显，大量非遗在文化生态环境变迁后仍面临传承困难的窘境。非遗数字化作为近年来新的社会实践活动，与系统、工程项目、产品等一样，具有从萌芽、发展到成熟乃至迭代的完整、独特的生命周期，由数字化记录、数字化建档、数字化存储、数字化展示、数字化传承、数字化传播等各个环节构成。本文基于在社会、经济、政治等各个领域广泛应用的全生命周期理论，立足非遗数字化的全生命周

---

* 本文系国家社会科学基金项目（项目批准号：20BTQ099）"国家非物质文化遗产数字档案资源协同整合机制研究"成果之一。

期，对当前的数字化实践方式、范围、效果等方面进行反思，以期借助数字化的"东风"，助力非遗保护的全面升级优化。

1 非遗数字化及现状分析

1.1 非遗数字化

2022 年 5 月，中共中央办公厅、国务院办公厅印发的《关于推进实施国家文化数字化战略的意见》（以下简称《意见》），标志着文化数字化已上升为国家战略。《意见》明确提道："到'十四五'时期末，基本建成文化数字化基础设施和服务平台……形成线上线下融合互动、立体覆盖的文化服务供给体系。到 2035 年，建成物理分布、逻辑关联、快速链接、高效搜索、全面共享、重点集成的国家文化大数据体系……中华文化全景呈现，中华文化数字化成果全民共享……"[2]非遗作为中华优秀传统文化的重要组成部分，其数字化对国家文化数字化战略有重要意义。非遗数字化的目的不仅在于将非遗通过数字化手段转换成便于保存和利用的数字资源，彰显其魅力，更在于为非遗探寻数字化生存的路径，为非遗的保护与传承提供新的保护方式。

王明月基于王耀希对文化遗产数字化的定义将非遗数字化界定为"采用数字采集、数字储存、数字处理、数字展示、数字传播等技术，将非物质文化遗产转换、再现、复原成可共享、可再生的数字形态，并以新的视角加以解读，新的方式加以保存，以新的需求加以利用"[3]。这一界定突出了非遗数字化与文化遗产数字化的共性，体现了文化遗产保护研究成果对非遗保护的指导、借鉴作用，同时这一界定覆盖了非遗数字信息采集、存储、展示、传播等各个环节。非遗数字化是一个动态发展的、渐进的过程，随着数字技术、理念和模式的不断优化升级，非遗数字化也不断纵深发展。权玺将非遗数字化的不断进阶概括为在库式静态保护—在线式动态保护—在场式活态发展[4]。数字技术最初被应用在非遗保护上时，更多的是对濒危非遗项目的抢救、记录和储存，目的是使得依赖口传身授的非遗能够以数字形态留存下来，便于后人了解、认识。随着数字世界与物理世界不断地相融共生，数字思维、数字素养的不断提升使人们对非遗数字化的诉求发生较大变化，要求数字化技术不只是非遗的一种存储、展示、宣传和教育的外在手段，而且具有内化为非遗自身方式的合法性和可能性[5]。

因此，非遗数字化是以增强非遗生命力为使命，将数字思维和数字技术应用于数字记录、数字储存、数字传播、数字传承、创新应用等数字化的全生命周期，从而实现非遗在数字世界的永生。其本质是将数字化从一种外在力量的介入式的手段转变为非遗的生存样态，植入非遗保护与传承的整个生命过程之中，成为非遗自身的一部分。

1.2 非遗数字化保护的进展

我国非遗数字化保护取得较大进展，主要包括以下方面：

第一，近年来出台的法规和政策为非遗数字化保驾护航。从国家层面看，2011 年 6 月颁布的《中华人民共和国非物质文化遗产法》就明确提出文化主管部门应当建立非遗档案及相关数据库。2017 年 4 月，文化部颁布的《文化部关于推动数字文化产业创新发展的指导意见》也指出要引导数字文化产业发展方向，促进优秀文化资源数字化。2021 年，《"十四五"非物质文化遗产保护规划》提出"加强非遗调查、记录和研究"[6]这一任务。《关于进一步加强非物质文化遗产保护工作的意见》再次强调要"完善调查记录体系"，并进一步指出"加强档案数字化建设""加强非遗资源的整合共享"[7]。从地方层面看，截至 2024 年 9 月，我国已有 31 个省（区、市）制定了省级非物质文化遗产地方性法规。其中，除吉林、浙江、安徽、河南和湖南等 5 个省外，其余 26 个省（区、市）的省级非物质文化遗产地方性法规在建立数据库、信息公开和信息采集机制等方面都有说明，具体情况汇总如表 1 所示。从法规政策层面来看，非遗数字化得到了国家以及各级政府部门的认可和关注。

表 1　我国各省（区、市）非遗地方性法规中涉及数字化情况

非遗数字化体现	建设省份
建立非遗数据库并信息公开	北京、上海、重庆、河北、山西、辽宁、青海、江苏、福建、山东、广东、贵州、四川、云南、陕西、甘肃、西藏、广西、宁夏、新疆、黑龙江
建立信息采集共享机制	天津、青海、福建、湖北、四川、甘肃、广西、宁夏
数字化保护平台和数字化保护和传播	江西、海南
专项资金投入	江苏

第二，平台、网站建设取得初步成效。2004 年 5 月，文化和旅游部全国公共文化发展中心（以下简称"发展中心"）成立，并推出"国家公共文化云"平台。该平台主要承担全民艺术普及等公共文化服务相关任务，面向基层开展公共数字文化服务等相关工作，截至 2024 年 9 月，全国已有 31个省（区、市）的图书馆、文化馆、群艺馆以及文化云（各省份的文化云）等与公共文化云链接，并设有非遗板块展示各省份的非遗项目。2006 年，在非遗保护工作部际联席会议的领导下，由文化和旅游部主管，中国艺术研究院（中国非物质文化遗产保护中心）主办了中国非遗网，2018 年 6 月启动了"中国非物质文化遗产网·中国非物质文化遗产数字博物馆"，2019年 3 月新版网站正式上线，设有"机构""政策""资讯""清单""资源""学术""百科" 7 个一级栏目，并在首页设置"中国非物质文化遗产传承人群研修研习培训计划""传统工艺振兴计划"等专题。据调查，我国 25 个省份已建立专门的非遗网站，重庆、广东等 4 个省份是在政府网站下设非遗中心来展示各类非遗项目。江苏、四川、河南等建立的非物质文化遗产网站设有非遗项目名录、传承人信息、传承基地、非遗学术交流以及法规文件等多项栏目，此类网站内容充实，建设较为成熟。

第三，非遗数字化与融媒体结合。融媒体为非遗的展示和传播提供了更广阔的空间和更多的可能性。根据抖音发布的《2023 非遗数据报告》，截至 2023 年 5 月，该平台平均每天有 1.9 万场非遗直播，诸如萍乡湘东傩面具、长汀公嫲吹等濒危非遗项目也有机会"飞入寻常百姓家"[8]。由央视打造的《非遗里的中国》，2022 年以来陆续走进我国各个省份探寻当地非遗项目，并通过主持人、文化名家与非遗传承人、当地文化精英的深入互动交流让观众了解传统技艺、民间歌舞、节庆习俗、美食制作等各种非遗的相关内容。非遗与游戏的结合使用户在虚拟情景中体验年画上色、泥塑拼接、木刻等传统技艺的魅力。非遗与电商直播的结合，则是将各类非遗产品、衍生品等进行出售，将非遗作为文化资本，进而转化为数字经济，在传播非遗项目的同时，刺激消费，带动了经济的发展，反哺非遗传承。有些城市推出了非遗 VR 体验馆，依托 CGI 技术、360° 全景 VR 技术制作，借助图文、音视频、CG 动画及 VR 设备等，全方位展示当地的非遗项目，为人们认识非遗注入新的活力[9]。

第四，非遗数字化与创新理念相结合，并融入现代生活。法国作家福楼拜曾说："艺术与科学总是在山脚下分手，最后又在山顶上相遇。"[10] 科学和艺术本身是同根共生，数字化对推进非遗的传承与创新发展具有重要意义。浙江湖州市出产的辑里湖丝"水重则丝韧"，当前非遗创新应用人、中国科学院上海微系统研究所副所长陶虎跨界研发出蚕丝硬盘、蚕丝骨钉等信息功能材料与医用材料，用一根蚕丝将科技引向未来。传统非遗与数字技术紧密结合，展现非遗在新时代的无限可能，如清华大学美术学院教授米海鹏与苏绣传承人合作，利用人机交互等数字技术，突破了传统的二维苏绣作品，开发出立体、动态、交互的三维苏绣，该创新产品令人赞叹不已。

2　全生命周期视角下非遗数字化保护的反思

全生命周期理论本义是指生命体从出生到死亡的整个过程，如今扩展到社会、政治、经济、文化等各领域中的系统、组织机构、产品、项目活动等各种事物的生命过程及其规律，如企业生命周期、系统生命周期、产品生命周期、信息生命周期等[11]。非遗数字化作为近年来的社会实践活动，也存在产生、发展到成熟的过程，表现为由数字化记录、数字化建档、数字化存储、数字化展示、数字化传承、数字化传播、创新应用等不同环节构成的完整过程，涉及客体、主体、手段、效果等不同要素，有其内在规律，全生命周期理论为理性反思非遗数字化保护提供了新的框架。

2.1 局外力量有余，传承人力量不足

一方水土养一方人，非遗传承人或群体有着地方性的文化逻辑和生活经验，是非遗真正的孕育者和拥有者，应该参与到非遗数字化保护的各个环节，成为数字非遗的主要参与者[12]。即便是对非遗的创新应用，也应该使传承人和拥有者参与其中，充分赋予其话语权[13]，确保与非遗传统文化内涵保持一致，而不是任意改造，防止为了吸引注意或创收以非遗保护的名义而破坏它（即保护性破坏）。一直以来，传承人在非遗数字化过程中参与不足甚至处于失语的状态。就目前建立的非遗数据库、网站、数字博物馆等来看，大多是由政府主导，由学者、企业、媒体、研究机构、管理部门等非遗传承的局外力量作为主要力量，非遗数据库和网站建设数量虽然较多，但内容完整度、持续性及深度不足，甚至存在收录内容有误的现象，公众很难通过现有数字化成果了解非遗的全貌。

其中的原因主要有：一些非遗项目受文化生态的影响，只在较为有限的，甚至是偏远地带传承、传播，可谓"养在深闺人未识"，局外力量对其认知和理解较为有限；非遗传承人主要是以中老年人为主，大多专心于对传统技艺的守护，对数字技术不敏感甚至有抵触心理，对数字化这一新生事物无从下手。与此同时，学者和开发者们往往掌握着知识和技术的主导逻辑，在生活中形成了话语霸权[14]，拥有先入为主的优势。在非遗数字化过程中，局外力量根据他们对非遗项目的理解和认知进行设计，比如非遗的分类、记录拍摄的角度和内容、展览的设计、数字化平台的建设、非遗的创新等，这可能导致非遗本身蕴含的文化内涵发生偏差而无法引起局内人

认同，非遗的历史认识价值、社会教育价值、基因传递价值等难以在数字社会持续，非遗数字化逐渐远离了非遗保护与传承的初心。也就是说，在局外力量主导下的非遗数字化，忽视了传承人这一"母体"对非遗的呵护，造成了一种非遗数字化看似形式多样、卓有成效的"虚假繁荣"。

2.2 数字化开发有余，数字资源建设不足

非遗与数字化的结合为非遗在新时代的创新提供了无限可能，多种多样的文化创意产品，得到了更多年轻人的青睐，同时也满足了人们在精神文化层面的较高需求。如非遗借助非同质化代币（Non-Fungible Tokens，NFT）技术将传统艺术和技艺呈现在科技平台上，中国首家数字艺术电商平台联合敦煌美术院推出敦煌艺术系列 NFT，用户可通过解锁动态图收集全套的"飞天舞乐图"，为大众展现了敦煌文化的艺术魅力与文化价值。将非遗元素融入游戏等二次元中，实现跨界联动，宋锦联合《新天龙八部》游戏，开展"千秋锦绣"系列活动，在游戏内上线非遗宋锦合作款周年庆限定时装"梦华录"，打造全新系列周边宋锦手包礼盒、宋锦手提袋和文化 T 恤。数字化创新使非遗有机会"飞入寻常百姓家"，并吸引了更多新生代力量的关注。

但从非遗数字化的全生命周期来看，数字化记录、数字化建档、数字化存储等资源建设的环节是非遗数字化的生命起点和基点，决定了包括创新在内的整个数字化生命过程的质量和长度。我国已启动不同层面、不同领域的非遗项目普查、代表性传承人抢救性记录等工程，与此同时也形成了大量非遗数字资源。但由于多种原因，数字资源建设的完整性、系统性、可用性不足，体现在以下几个方面：一是数字化过程更注重项目外在形式呈现与显性知识的采集，而缺乏其文化内涵的分析与隐性知识的采集，也就是说"知其然"，但没有对"其所以然"的追问。二是在原生的文化生态环境中，非遗与非遗之间、非遗与物质文化遗产之间是相融共生、不可分割的联系体，而以非遗项目为单元进行信息采集，按照项目之间的级别、类

别进行线性排列，非遗之间的多维关联揭示不充分。三是不同主体信息采集时的标准不同，形成的信息资源整合度、共享度不高，甚至有些资源由于格式、载体的原因产生不可用、不安全的问题。所谓"根基不牢地动山摇"，数字资源是非遗数字化开发的原材料，没有高质量的数字资源，开发、创新也就失去了根基。

2.3 数字化传播有余，传承不足

Web 2.0、Web 3.0 的不断发展以及新媒体、自媒体的不断涌现为非遗传播营造了更为有利的环境，非遗数据库、数字博物馆、新媒体平台的共同发力，使得非遗在直播带货、文旅融合、文创产品开发等领域炙手可热，如抖音发布的非遗数据报告显示，截至 2021 年 6 月，抖音上国家级非遗项目涵盖率已达 97.94%[15]。

但与火热的传播形成鲜明对比是非遗的传承仍然冷寂。笔者通过对年画、剪纸等技艺进行调研走访了解到，真正肯学习、传承非遗的年轻人寥寥，整体上看非遗传承老龄化的状态没有明显改变。一方面大多非遗的学习需要常年的积累和重复，过程枯燥且耗时长、见效慢，另一方面大量年轻人外出上学、工作，即便有心传承也会因空间和时间上的障碍而有心无力。非遗的生命在于代代传承，传承的"承"本身也强调的是代际间的承续，没有扎实有力的传承，传播也终将成为无源之水。同时目前的数字化传播也存在过于表象化的问题，各种直播运营看似是扩大了非遗的影响力，实则只是将传统技艺、民族乐曲、歌舞、戏剧等的数字视频搬到网络，而与其紧密相关的文化空间、蕴含的精神内涵、价值理念等深层次的、隐性的内容并未解读，这种表象化的传播很难唤起共同情感。

3 全生命周期视角下非遗数字化保护的理论探析

数字化为非遗在数字空间的保护与传承赋予了更多的可能性，应该覆

盖到数字化记录、建档、存储到传承、传播的生命过程，任何环节的薄弱都可能影响非遗的数字生命力，非遗数字化保护需要全生命周期发力。

3.1 构建以传承人为核心的多元主体协同

传承人作为非遗的综合载体，对非遗的技艺、技巧、内涵、价值等方面的理解和把握是任何主体都不及的，理应是非遗保护（包括数字化保护）的核心。由于传承人年龄普遍较大、面临数字技术的鸿沟等，实践中在数字化语义、分类体系设计等方面的话语权较弱[16]，而行政管理人员、专家、学者等局外人则占有更大的话语权，这可能会导致"民间"的非遗变成了"官方"的非遗，最终导致非遗的变异和消失。在非遗数字化的生命过程中，需要始终确保传承群体的话语权和权威性，并且按非遗保护的内在逻辑和规律将不同主体有效协同起来，形成最大的合力。

非遗的数字化保护应以传承人为核心。在数字化初期，需要根据传承人对非遗项目的认知和理解进行数字化流程、模块和具体内容的设计，通过传承人的视角体现非遗的发展脉络、技艺传承以及内含的文化和精神。数字化形成的各种成果以及创新产品也需要由传承人审核后再进行传播，一方面尊重了传承人的主体地位，另一方面也确保数字化成果的质量，防止非遗在数字世界发生"变异"。此外，政府部门、高校、企业以及各种社会力量也是数字化的重要主体，各主体聚焦于非遗数字生命力的存续，各自扬长避短发挥优势，通力协作。其中，社会管理和公共服务是政府部门的基本职能[17]，在非遗数字化中主要起到统筹、监管、保障的作用，对各主体的数字化工作进行统筹，并给予政策、资金等方面的支持。高校利用理论研究、社会服务、人才培养等方面优势，在理论与实践相结合的基础上为非遗数字化提供人才、前沿探索、国际经验交流等方面的支持。文化类企业、数字技术企业利用其在技术、资金、产品开发、信息传播等方面的优势，将非遗数字化与数字平台建设、软件开发、新产品开发等相结合，为自身寻得新的增长点的同时延展了非遗的数字生命力。随着公众数字素养的不断提升，公众在享受数字化保护成果的同时，也可以利用移动终端、自媒体等参与非遗的数字化记录、存储、传播等环节。最终构建成以传承人为核心，多元主体协同合作的主体体系，形成"见人见物见生活"的非遗数字化保护样态。

3.2　非遗数字资源的动态、全景式建设

非遗是地方民众在长期的生产和生活实践中创造的一种文化知识体系，是其独有的世界观、人生观、价值观、审美、经验等方面的综合呈现，是与特定的文化空间相适应的。非遗数字化保护的根本意义不应局限于某一个非遗项目的存续，而是要保护各个独具特色的地域文化，进而维护人类文化的多样性。

数字资源是非遗数字化的重要成果，更是非遗在数字世界的映射。数字资源建设不仅要记录其外在的、浅表层面的、有形的工具、形式、作品等，更要深度挖掘、记录其蕴含的精神、文化以及与之相适应的文化空间，形成全景式的数字资源。在对非遗项目的基本信息（如项目简介、发展历程、传承人体系等信息）数字化的基础上，还应对非遗赖以生存的文化空间进行数字化建设，包括与之紧密相关的地理环境、人文环境、风俗习惯、宗教信仰、风土人情等[18]。Tim Berners-Lee 早在 2006 年就提出了"关联数据"的概念，旨在给每个资源实体赋予全网唯一的 URI 地址，使资源脱离物理空间的限制，成为网络中流通的数据节点[19]。利用关联数据技术、自然语言处理以及文本挖掘等技术存储、组织非遗数字信息，纵向上对非遗项目产生、发展、演变的过程进行动态的、全程的记录和反映，横向上关联相关资源，将与该项非遗紧密相关的地理、气候、物产、风俗、信仰等通过元数据、本体等进行揭示与关联，使数字信息资源能够覆盖非遗的各个维度。另外，非遗数字资源建设绝不是一朝一夕就能完成的，而是一个持续不断的、动态的过程。数字资源是非遗在数字世界生存的基础，而其建设不能孤立于项目本身的内容和表现，需要从文化空间的角度，将数字资源建设融入整

个时空环境之中持续不断地、全景式建设。这样一来，利用者通过数字资源，不仅能"知其然"，还能"知其所以然"。

3.3 利用数字技术推动非遗数字化传承

传承是非遗保护的核心和关键，千百年来非遗仍然活跃在人们的生产、生活之中主要得益于此。技术的推陈出新推动着非遗传承方式和手段与时俱进，从非遗数字化保护的整个生命周期来看，传承目前是比较薄弱的一环。虽然非遗传承方式已突破了传统的师徒传承、家族传承甚至是传男不传女等规矩的约束，开始走向更为宽泛的社会传承，但传承仍然主要基于物理空间。

数字技术为非遗数字化传承提供了机遇，当前虚拟现实（VR）、增强现实（AR）等技术的发展不断趋于成熟，将新技术应用于非遗的传承中，能解决传承浅层化、见效低等问题[20]。如利用虚拟仿真技术构成高度逼真和实时交互的虚拟实验环境，可以帮助人们完成在真实实验中因不具备实验条件等原因难以完成的实验目标[21]。将虚拟仿真技术的沉浸体验、认知强化、技能训练和自主设计等应用于非遗项目的传承，既能改善非遗学习过程中的枯燥、死板现象，学习者也能利用网络平台等优势，突破学习的时间、空间和职业等方面的限制，提高学习效率。在文化数字化背景之下，通过非遗的数字化传承，使非遗在数字世界中长久存续。

3.4 完善非遗数字化保护的保障条件

非遗数字化保护是一项复杂的系统工程，涉及主体、内容众多，需要一定的保障条件支持，主要包括两个方面：

一是法律政策保障。《中华人民共和国非物质文化遗产法》颁布后，我国的非遗保护工作进入了有法可依的阶段。但是《中华人民共和国非物质文化遗产法》自 2011 年颁布实施以来并没有修订，且其中仅提到要建立非遗档案和数据库，但并无具体实施意见，非遗数字化保护需要进一步完善相关政策法规。首先需要在国家层面明确不同主体的责任与分工，防止在数字化实践中出现职责不清、相互推诿的现象。其次需要统一非遗数据库的建设标准，规范信息采集、存储、开放利用等流程。最后需要完善监察制度，对非遗数字化进程、各平台的非遗传播进行监督管理，并鼓励公众参与监督工作。

二是人才队伍保障。随着非遗数字化保护工作的深入推进，人才的短板逐渐显露，非遗数字化过程中的记录、存储、组织、传播、传承、创新都需要兼具信息素养和文化素养的人才作支撑。建设人才队伍，需改善人才的发展环境，如自2015年以来文化和旅游部、教育部、人力资源和社会保障部共同实施了"中国非遗传承人研修培训计划"，2016年国家级非遗代表性传承人抢救性记录培训班在国家图书馆举办，截至2024年7月，中国高校非遗教师培训班已举办了八届，等等。这些努力对于改善非遗保护传承手段、扩大非遗传承队伍起到了积极作用。人才队伍建设可利用这些影响力较大、较为成熟的研培机制将数字化保护的内容纳入其中，使得数字化成为非遗传承保护中的"必修课"。

数字化为非遗保护、传承提供了新的空间，取得了包括非遗记录建档、非遗数据库以及网站、平台等诸多建设成果。但与此同时，需要警惕非遗的过度数字化、不当数字化等风险。需要从全生命周期的视角对当前的非遗数字化进行理性反思，在关注传播、创新发展的同时不忘非遗保护的初心，寻求数字化与非遗更加合理的结合方式，顺应非遗保护的内在规律，适应时代的发展，让非遗在数字时代保持持续的、旺盛的生命力。

参考文献：

[1] 锅艳玲.非物质文化遗产的档案价值与开发研究[J].档案学通讯,2016(6):57-60.

[2] 中共中央办公厅　国务院办公厅印发《关于推进实施国家文化数字化战略的意见》

[EB/OL].[2022-05-22].https://www.gov.cn/zhengce/2022-05/22/content_5691759.htm.

[3] 王明月.非物质文化遗产保护的数字化风险与路经反思[J].文化遗产,2015,36(3):32-40.

[4] 权玺.非物质文化遗产数字化路线图及其未来发展逻辑[J].中国文艺评论,2022(8):27-38.

[5] 宋俊华.关于非物质文化遗产数字化保护的几点思考[J].文化遗产,2015(2):1-8.

[6] "十四五"非物质文化遗产保护规划[EB/OL].[2023-06-09].https://www.gov.cn/zhengce/zhengceku/2021-06/09/5616511/files/3953c9f8a68f4d6baa61adbaa4817827.pdf.

[7] 中共中央办公厅　国务院办公厅印发《关于进一步加强非物质文化遗产保护工作的意见》[EB/OL].[2021-08-12].https://www.gov.cn/zhengce/2021-08/12/content_5630974.htm.

[8] 每分钟13场非遗内容开播!抖音发布2023非遗数据报告[EB/OL].[2023-06-10].https://baijiahao.baidu.com/s?id=1768248963233126867&wfr=spider&for=pc.

[9] 谈国新,何琪敏.中国非物质文化遗产数字化传播的研究现状、现实困境及发展路径[J].理论月刊,2021(9):87-94.

[10] "在山脚下分手,在山顶上相遇!"艺术与科学如何携手创享未来[EB/OL].[2021-11-27].https://baijiahao.baidu.com/s?id=1717590383818286206&wfr=spider&for=pc.

[11] 辛莉.面向全生命周期的公共图书馆红色文献数字化建设研究[J].图书馆工作与研究,2023(6):42-48.

[12] 解梦伟,侯小锋.非物质文化遗产数字化传播的反思[J].民族艺术研究,2021,34(6):139-145.

[13] 宋俊华,王明月.我国非物质文化遗产数字化保护的现状与问题分析[J].文化遗产,2015(6):1-9,157.

[14] 高鸿.数字化时代主体间性问题研究[M].上海:上海社会科学院出版社,2008:58.

[15] 抖音非遗数据报告:国家级非遗项目覆盖97.94%[EB/OL].[2021-06-11].https://www.163.com/dy/article/GC7N8BOL05505AV6.html.

[16] 温雯,赵梦笛.中国非物质文化遗产的数字化场景与构建路径[J].理论月刊,2022(10):89-99.

[17] 任泽涛.社会协同治理中的社会成长、实现机制及制度保障[D].杭州:浙江大学,2013.

［18］杨红.非物质文化遗产数字化记录的利弊与策略［J］.文化遗产,2015（2）:9-13.

［19］刘炜.关联数据:概念、技术及应用展望［J］.大学图书馆学报,2011,29（2）:5-12.

［20］黄永林.数字化背景下非物质文化遗产的保护与利用［J］.文化遗产,2015（1）:1-10.

［21］蔡印,杨晓帆,郑岩,等.高校虚拟仿真实验教学平台建设探究［J］.教育信息化论坛, 2023（6）:105-107.

图书馆学本科生专业认同感影响因素研究 *

邓路平（赣南科技学院图书馆） 黄令贺（河北大学管理学院）

随着"iSchool 运动"的推进，其引发的"去图书馆化"趋势受到了国外图情学界的重视与反思。与此同时，受资金短缺、"图书下架运动"等各方面原因的影响，欧美公共图书馆的数量、从业人员数量不断减少。这些情况在一定程度上反映出国外对图书馆行业的认同度在下降。目前，国内图书馆学界也存在着一定的专业焦虑，在 2018 年图书情报与档案管理青年学者沙龙上，39 位学者普遍认为本学科的发展面临着认同危机[1]。此外，闫慧指出 2029 年图书馆学的前景最悲观，可能会出现改名、被融合、本科专业点减少、专业话语权进一步减弱等情况[2]。由此可见，国内对图书馆学的专业认同亦存在一定问题。

随着我国社会经济水平的发展，全社会对公共文化事业的重视程度不断加强，图书馆数量的不断增加也意味着我国对图书馆学专业人才的需求也在不断增加，但作为图书馆从业者培养的阵地，高校图书馆学教育却面临着一定的现实困境。首先，专业开设规模小、学生数量少。其次，招生难、调剂比例高。再次，专业分流比例高。图书馆学的发展离不开学生群体的参与和贡献，要培养高质量的图书馆学本科生不仅需要科学合理的课程设

* 本文系国家社会科学基金项目"图书馆史视阈下近代以来中国信息素养教育发展研究（1840—2021）"（项目编号:23BTQ003）的研究成果之一。

置和专业师资，更离不开学生专业认同感的教育。张久珍曾指出，图书馆学专业点数量少、规模小，研究群体萎缩等是当前图书馆行业面临的痛点和难点，需要专业化的发展来破解[3]。图书馆学本科教育大规模增加本科专业点不切实际，因此以已有的开设图书馆学本科专业院校的学生为突破点，进一步提升其专业认同感，使其能真正地投入专业学习是发展图书馆学本科教育的重点工作之一。

1　概念界定

关于专业认同，国外有自我认同和社会认同两种主要观点，持自我认同观点的如 Bernadette 等，他们认为自我认同是学习者为满足自身利益，在学习过程中逐渐对专业形成亲切、认可并接受的积极态度，并将这种态度转化为实际行动[4]。持社会认同观点的如 Adams 等，他们认为专业认同感是一个人对与他的专业群体和个人有关的信仰、价值观等的承认与理解[5]。国内关于专业认同感的经典定义包括：①秦攀博认为专业认同感是学习者在了解所学专业的基础上，产生的情感上的接受与认可，并伴随积极的外在行为和内心的适切感，是一种情感、态度乃至认知的移入过程[6]。②王顶明将专业认同归纳为学习者对所学专业的接受与认可，并愿以积极的态度和主动的行为去学习探究[7]。比较国内外有关专业认同感的定义可知，国内对专业认同感的定义更强调的是学生在求学阶段对本专业的心理状态，而国外的定义相对而言要模糊一些。"感"字在《新华字典》中有"觉得；认识到"[8]之意，且有研究指出，"认同"一词无法体现量的多少，而"感"则起到了量化"认同"的作用，此外，认同感更能体现认同的动态变化[9]。综合以上梳理，本文认为"认同"和"认同感"是一种内在和表象的关系，进而不对其进行详细区分。

关于图书馆学本科生，根据教育部《普通高等学校本科专业目录》（2024版）[10]，图书馆学和信息资源管理同属 1205 下的二级学科且联系十分紧密，但信息资源管理更侧重于信息生命周期指导下的广义上信息资源的管理，其研究范围要广于图书馆学，因此不符合本文图书馆学本科生的范围。此外，北京大学、武汉大学等高校采取大类分流的模式进行本科生教育，学生在分流前主要进行基础课程的学习，对专业核心课程的涉及较少，因此本文的调查范围仅针对分流后选择图书馆学方向的学生。通过以上分析，本文中的图书馆学本科生是指直接考入图书馆学专业和大类分流后选择图书馆学方向的在校生，不包括信息资源管理专业和大类分流前的学生。

基于以上分析，本文中图书馆学本科生专业认同感是指考入或分流时选择图书馆学专业或图书馆学方向的本科生对本专业的认知、情感、态度以及在学习专业过程中表现出的行为，体现在对本专业的培养目标、课程设置、就业方向等有所了解，愿意向他人介绍、分享本专业的相关知识，并愿意从事本专业的相关工作等方面。

2　相关研究

目前，国内外关于专业认同感的研究在理工、农林、医学、管理、教育等多个学科已取得了一定的成果。通过文献梳理发现，关于专业认同感的研究主要包括专业认同感水平及其影响因素两个方面，而专业认同感水平研究又离不开测量研究。因此，本文的相关研究从专业认同感测量、专业认同感水平、专业认同感影响因素三个方面对已有研究进行回顾。

2.1　专业认同感测量研究

专业认同感测量研究是专业认同感水平研究的前提，而核心又是专业认同感维度的确定。在国外的研究中，有关专业认同感维度主要有以下说法，Yueh 等认为专业认同感包括情感、评价和认知[11]。Fitzgerald 认为专业认同感包括行动与行为、知识与技能、价值观信仰和伦理、情景和社会化等[12]。Du 等认为个人价值观、人际关系、环境是专业认同感的维度[13]。

Smith 等则认为专业认同感包括权威、责任、能动性、自主性[14]。在国内的研究中，专业认同感主要有三维度、四维度和五维度之说，认可度较高的有：王顶明将专业认同感分为认知、情感和持续三个维度[15]。秦攀博[16]和齐丙春[17]分别从宏观角度指出大学生专业认同感包括"认知性、情感性、行为性、适切性"和"投入度、喜好度、美誉度、匹配度、认知度"等。

2.2　专业认同感水平研究

专业认同感水平研究主要是研究者针对不同专业、不同层次的学生的专业认同感水平展开的具体调查研究。例如，Carlos 等对牙科学生从权威、责任感、能动性、自主性等方面进行专业认同感水平调查，发现学生们能动性得分较低，但责任感得分较高[18]。Yao 发现师范生的专业认同感处于中等水平[19]。王丹等[20]、辛霞等[21]分别调查高职院校和本科院校的护理专业学生的专业认同感，得出了相反的结论，说明学校层次在一定程度上影响学生专业认同感。张海峰等[22]、姚娟等[23]采用秦攀博制定的量表分别调查公共卫生、医药卫生等专业学生的认同感，得出了相应专业认同感处于中等水平的一致结论。信息资源管理领域也展开了相关的研究，张丽华以档案学学生为调查对象，发现其专业认同感较高[24]。古南辉认为图书馆学大一新生的专业认同感最强，需要在此阶段强化其专业意识[25]。邢文明等以湘潭大学图书馆学本科生为调查对象，从行为、情感、认知三个维度考察其专业认同感，三个维度的认同程度从高到低依次为行为、情感、认知[26]。

2.3　专业认同感影响因素研究

以往相关研究结果显示，专业认同感受多种因素影响，总体可归纳为常规因素和特殊因素两类。其中，常规因素包括个人因素和社会环境因素，而个人因素主要有性别、年级、价值观和个人特质等，如刘莹等认为是否为独生子女、学历、心理弹性水平、新冠疫情期间是否承担志愿服务或临床救治工作影响着公共突发事件下护理生的专业认同感[27]。Jeffrey 等认为个人专业价值观对专业认同感有正向影响[28]。社会环境因素主要包括专业教育、职业发展等，如后慧宏等认为学生的职业期望与现实境遇存在鸿沟、学校部分课程设置与教学实施的适切性缺失、毕业生就业渠道受阻和入职后发展保障不力对专业认同具有负面影响[29]。Cohen-Scali 认为家庭教育、早期教育对青年人构建专业认同的过程具有决定性作用[30]。特殊因素主要是学者从某个特定角度出发，探究专业认同感的影响因素，如 Lönn 等[31]、Beck 等[32]在研究中发现情绪挑战情景和沉浸式社区服务体验会影响医学专业学生专业认同感。谭健烽等指出沙盘游戏实验教学有利于提高应用心理学专业学生的专业认同感[33]。李莉等认为大分流模式亦有利于提升学生的专业认同感等[34]。梁燕等认为临床导师的榜样角色会帮助学生产生动机和目标进而促进其专业认同感[35]。

基于以上分析，首先可以发现关于专业认同感的研究已经取得了较大成绩，在专业认同感测量研究、专业认同感水平研究和专业认同感影响因素研究方面也都有不错的成果或发现。但与现实情况对比可以发现，以往研究仍有进步空间。首先，以往研究集中于几个特定专业的认同感研究，而研究成果对于其他专业的适用性又有巨大局限性；其次，多数研究的调研范围非常有限，致使研究结果的代表性也有所限制。再次，图书馆学本科生专业认同感有待进一步深入研究。为此，本文首先在广泛调研图书馆学本科生专业认同感现状的基础上，开展了其专业认同感影响因素研究，最后提出了针对图书馆学本科生专业认同感提升的建议。

3　图书馆学本科生专业认同感现状调查

3.1　调查设计

本文研究参考秦攀博制定的"大学生专业认同问卷"[36]、齐丙春制定的"高校学生专业认同度调查问卷"[37]、李美洁制定的"情报学专业认同调查问卷"（在校生版）[38]、支凤稳等制定的"图书情报专业学位硕士研究生专业认同量表"等四份问卷[39]，制定了"图书馆学本科生专业认同感调查问卷"。具体而言，问卷包括两部分内容：一部分是基础信息，包括性别、户籍所在地、年级、成绩、学校所处地区、学校层次、是否担任班干部等题项；另一部分是专业认同感测量题项，包括专业认知、专业行为、专业情感、专业评价四个维度，共 23 个题项，均采用 Likert 五级量表，详细问题见表 1 所示。其中，专业认知是指图书馆学本科生对专业课程、历史、就业方向等情况的了解程度，专业行为是指图书馆学本科生在专业学习过程中付出的具体行动，专业情感是指图书馆学本科生对专业的情感、态度、满意程度，专业评价则是图书馆学本科生对专业培养效果以及就业等情况的看法。

表 1   图书馆学本科生专业认同感测量问题

维度	题号	题项
专业认知	A1	我了解图书馆学专业的课程设置情况
	A2	我了解图书馆学的发展历史
	A3	我了解图书馆学的发展方向
	A4	我了解社会对图书馆学的评价和看法
	A5	我了解图书馆学专业的就业方向
	A6	我了解图书馆学专业的就业状况
	A7	我了解图书馆学的领军人物
	A8	我了解图书馆学的前沿动态
	A9	我了解图书馆学在本校各专业中的地位
专业行为	B1	我在图书馆学专业学习上投入了很多的时间精力
	B2	我积极阅读图书馆学的相关文献
	B3	我积极参加与图书馆学专业有关的实践活动
	B4	我从不缺席图书馆学专业课
	B5	我在图书馆学专业课上能认真听讲
	B6	我乐于与老师同学讨论图书馆学的学术问题

维度	题号	题项
专业情感	C1	我内心喜欢并接受图书馆学这个专业
	C2	我愿意从事与图书馆学相关的职业
	C3	我没有想过调剂到其他专业
	C4	我愿意向他人介绍并推荐报考图书馆学
专业评价	D1	我认为图书馆行业的发展前景符合我的职业长期规划目标
	D2	我认为从事图书馆相关职业能实现我的人生价值
	D3	我认为社会对图书馆学专业人才的需求程度高
	D4	我认为图书馆学专业学习对自身有帮助

3.2　调查过程

研究采用线下调查与线上调查相结合的方式进行。线下调查主要前往部分高校进行实地调查，线上主要通过"圕人堂"交流平台联系图书馆学专任教师和通过相应开设专业学院官网上提供的图书馆学系或信息管理系主任邮箱等方式完成问卷发放工作。发放时间为 2023 年 10 月 25 日至 2023 年 12 月 15 日，共回收问卷 417 份，经筛选得到 362 份有效问卷，占比 86.81%。调查涉及院校有北京大学、南开大学、安徽大学、郑州大学、西北大学、河北大学、福建师范大学、郑州航空工业管理学院、贵州民族大学、包头师范学院、辽宁师范大学海华学院 11 所院校，占 2024 年国内图书馆学本科开设院校数量的 55%。从院校层次来看，包括 5 所"双一流"高校和 6 所地方高校。从地域来看，院校所属东、中、西、东北四个经济地区的问卷数量占比分别是 44.20%、9.94%、24.86%、20.99%。从招生模式来看，既包括信息资源管理大类招生的院校，也包括图书馆学专业招生的院校。整体来看，调查基本涵盖国内各类图书馆学本科专业的情况。样本基本情况如表 2 所示。

表 2　样本基本情况

样本属性	样本属性值	数量 / 个	占比 /%
性别	男	83	22.93
	女	279	77.07
户籍所在地	城市	129	35.64
	乡镇	233	64.36
年级	大一	61	16.85
	大二	108	29.83
	大三	115	31.77
	大四	78	21.55
是否担任班干部	是	100	27.62
	否	262	72.38

3.3　信效度分析

使用 SPSS 对收集到的数据开展信效度分析，表 3 展示的是信度分析和效度分析的结果，可知相应的信效度都满足要求，可以开展进一步的分析。

表 3　问卷信效度分析

	专业认同感维度	题数	克隆巴赫 α 系数
信度分析	专业认知	9	0.833
	专业行为	6	0.817
	专业情感	4	0.813
	专业评价	4	0.866
效度分析	巴特利特球型度检验	KMO 值	0.903
		显著性	P<0.01

3.4　图书馆学本科生专业认同感现状

表 4 展示的是专业认同感以及专业认知、专业行为、专业情感、专业评价四个维度的评价情况。从均值来看，图书馆学本科生专业认知、专业行为、专业情感、专业评价和专业认同感整体的均值分别为 3.53、3.67、3.76、3.67

和 3.66，均略高于理论中值 3，说明目前国内图书馆学本科生专业认同感处于中等水平。从标准差来看，四个维度及专业认同感整体的标准差均小于 1，说明调查对象的得分情况差异不大。

表 4　专业认同感评价统计情况

维度	均值	标准差	最大值	最小值
专业认知	3.53	0.554	4.89	1.22
专业行为	3.67	0.664	5.00	1.00
专业情感	3.76	0.891	5.00	1.00
专业评价	3.67	0.845	5.00	1.00
专业认同感	3.66	0.600	4.79	1.40

除上述基本统计外，本文还对专业认同感以及四个维度在性别、户籍所在地、年级、成绩、学校所处地区、学校层次、是否担任班干部等方面开展了差异分析。结果显示，专业认同感在性别、年级、是否担任班干部方面有显著差异。其中，独立样本 T 检验显示，专业认同感的得分均是女生显著高于男生。单因素方差分析显示，不同年级本科生的专业认同感存在明显差异。具体而言，专业认同感得分排名为大二、大三、大一、大四，呈现出中间高、两侧低的特点。通过后期的访谈可知，由于大四阶段课程较少，与老师之间的专业交流减少，以及面临着严峻的就业形势和升学压力，因此大四学生的专业认同感较低。独立样本 T 检验显示，专业认同感在是否担任班干部变量存在显著差异。相较于不在班级担任职务的同学，担任班干部的同学具有更强的专业认同感。

4　图书馆学本科生专业认同感影响因素

4.1　研究设计

为了探究影响图书馆学专业认同感的因素，研究者对来自北京大学、南开大学、西北大学、河北大学、福建师范大学、郑州航空工业管理学院、包头师范学院、辽宁师范大学海华学院等 8 所高校的 15 位图书馆学本科生进行半结构化访谈，访谈问题主要有：①进入大学之前，您对图书馆学专业了解吗？②经过一段时间的学习，您对图书馆学的认知和入学前有哪些变化？您认为产生这种变化的原因是什么？③大学期间的学习或生活过程中，有哪些经历让您认可图书馆学专业？有哪些经历让您不认可图书馆学专业？④谈一下您对专业课程及授课教师的看法。⑤您对图书馆学 / 图书馆员职业的社会地位有什么看法？表 5 展示的是访谈对象的基本信息。

表 5　访谈对象基本信息

序号	学校	性别	年级	访谈形式	访谈时间	访谈时长
1	包头师范学院	男	大四	电话访谈	2023 年 10 月 22 日	32 分 52 秒
2	福建师范大学	女	大四	电话访谈	2023 年 10 月 23 日	26 分 43 秒
3	北京大学	男	大四	电话访谈	2023 年 11 月 03 日	14 分 13 秒
4	南开大学	女	大四	电话访谈	2023 年 11 月 06 日	22 分 08 秒
5	南开大学	男	大四	电话访谈	2023 年 11 月 14 日	33 分 14 秒
6	西北大学	女	大二	电话访谈	2023 年 11 月 15 日	20 分 20 秒
7	辽宁师范大学海华学院	女	大三	电话访谈	2023 年 12 月 08 日	41 分 19 秒
8	辽宁师范大学海华学院	男	大二	电话访谈	2023 年 12 月 10 日	18 分 21 秒
9	辽宁师范大学海华学院	男	大二	电话访谈	2023 年 12 月 14 日	20 分 16 秒
10	郑州航空工业管理学院	女	大二	电话访谈	2023 年 12 月 14 日	14 分 57 秒
11	郑州航空工业管理学院	女	大三	电话访谈	2023 年 12 月 14 日	20 分 50 秒
12	河北大学	男	大三	线下访谈	2023 年 12 月 28 日	19 分 08 秒
13	河北大学	女	大四	线下访谈	2023 年 12 月 29 日	20 分 18 秒
14	河北大学	女	大三	线下访谈	2023 年 12 月 30 日	14 分 23 秒
15	河北大学	男	大四	线下访谈	2023 年 12 月 30 日	17 分 17 秒

4.2 专业认同感影响因素模型

访谈结束之后，采用质性编码分析方法探索影响图书馆学本科生专业认同感的因素。首先，对文本内容进行逐字逐句分析，寻找可供编码的语句，并在不掺杂个人主观想法的基础上对文本进行提炼总结、规范化，得到"学术环境""社会认知"等 12 个概念。之后，深入挖掘各个标签之间的关系，并将其进行归纳、合并、比较，得到"专业发展现状""社会环境""个人认知""个人发展""学校教育""学校环境"等 6 个最终范畴，并将其分别归到"专业基本情况""个人认知与发展""学校教育与环境"这三个维度，并进一步结合访谈资料分析，构建了图书馆学本科生专业认同感影响因素模型，具体如图 1 所示。

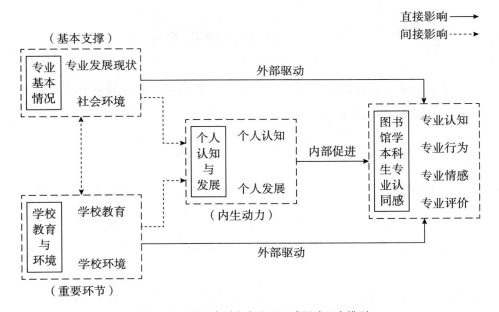

图 1   图书馆学本科生专业认同感影响因素模型

如图 1 所示，专业基本情况、学校教育与环境、个人认知与发展三个维度均会直接影响图书馆学本科生专业认同感，而且三个维度之间也存在作用关系。首先，专业基本情况是基本支撑，无论是学校支持力度还是本科教育课程体系安排都离不开专业本身的发展情况；专业基本情况会影响图书馆学本科生的个人认知与经历。对于新入学的本科生而言，专业的基本情况会影响其对专业最基本的了解，再有和谐融洽的学术环境会影响本科生的学术参与程度，而且社会对专业及图书馆职业的认知情况既会影响本科生的专业认知，也会影响其未来发展规划。其次，学校教育与环境是发展图书馆学本科生专业认同感的重要环节，图书馆学本科生对专业的了解主要来源于学校的课程教育以及和老师、同学的交流，而且学校为学生的实习实践、学术参与等或多或少地提供了支持。最后，个人认知与发展是图书馆学本科生专业认同感的内生动力，本科生通过专业基本情况、学校教育及环境的影响逐渐形成和完善自己对专业的认知，进而做出自己的发展规划。

5 图书馆学本科生专业认同感提升建议

基于上述专业认同感现状调查情况和专业认同感影响因素的研究，本文为提升图书馆学本科生专业认同感提出以下 4 条建议。

5.1 课程角度：完善课程体系，优化课程内容

完善课程体系首先要合理安排课程开设顺序，要根据各阶段的学习任务以及专业知识的逻辑结构合理安排。大一主要是专业了解阶段，可开设图书馆学基础理论、图书馆史等构建专业认知基础的课程。大二、大三是学习的主要阶段，可开设重要的核心业务课程，具体的课程开设顺序可由各校的图书馆学专家探讨。除了课程开设顺序，还需要考虑理论课程和实践课程、传统课程和新兴课程的开设比例，要充分发挥图书馆学应用型学科的专业优势，着重提高本科生的实际应用能力。在课程内容方面，同校专业教师之间、异校同课程专业课教师之间可采用集中备课的形式，共同探讨教学内容、教学方式等，致力于为本科生设计出实际有用、能切实提

升其专业能力的课程内容。

5.2 学校角度：加强"校家"联合，提高家庭支持力度

图书馆学作为小众专业不被学生家长了解实属正常，因此需要增强面向学生家长以及高中生的专业宣传力度。①为提高学生家长的专业认知，可由图书馆学本科班级辅导员联合专业老师组织"校—家"线上联络会，向学生家长充分讲解图书馆学专业的人才培养、就业方向等家长比较关注的内容。②开设图书馆学本科专业的高校可与当地中学建立紧密联系，组织在校师生前往中学开展专业宣讲活动，帮助高中生提前了解图书馆学的专业内容、就业方向等，使其可以根据兴趣在高考志愿填报时主动选择图书馆学。

5.3 教师角度：提高专任教师质量，加强教师职业认同感培养

教师是落实课程体系、传授课程内容的重要因素，师资力量的强弱直接影响学生的专业认同感。①针对教学经验不足的情况，学校应充分实行导师负责制，开展青年教师教学培训活动，鼓励青年教师参加教学比赛活动，切实提高其教学经验。还要完善教师教学考核制度，可通过一些奖惩制度激励教师不断反思，提高自己的教学效果。②针对教师数量不足的情况，学校可与其他高校开展合作教学项目，以充分利用其他高校的优秀师资力量提高本校图书馆学专业本科生的综合素质。③针对教师职业认同感不足的情况，可由知识丰富的教师组织开展图书馆及图书馆学史方面的培训。此外，教师自身也应转变心态，树立较强的职业责任感，不断提高自己的专业素养。

5.4 个人角度：增强自我主体意识，充分代入专业身份

哲学上认为"认同"是人自我意识觉醒的表现，因此激发图书馆学本科生专业认同意识对提高其专业认同感具有重要作用。①针对高三学生，在高考填报志愿阶段，可通过微博、知乎、阳光高考、学院招生办等多种渠

道尽可能宣传图书馆学专业的学习内容、就业情况、薪资水平、考研难度等方面的内容。②针对在校生，应进一步通过专业课程讲授、组织"学长/学姐传帮带经验分享会"等方式提升他们对图书馆学专业的认识水平。

参考文献：

[1] 闫慧.青年学者论图情档一级学科核心知识及发展方向——2019年图书情报与档案管理青年学者沙龙会议述评[J].中国图书馆学报,2019（1）:121-127.

[2] 闫慧,韩蕾倩,吴萌,等.图书馆学、情报学与档案学2029年发展前景研究[J].图书与情报,2019（6）:2-17, 153.

[3] 周亚,张久珍.数字社会与图书馆的专业化发展——第三届中国图书馆馆长高级论坛暨图书馆学系主任与馆长对话论坛述评[J].中国图书馆学报, 2023（3）:123-131.

[4] MOORHEAD B，BELL K，JONES-MUTTON T，et al. Preparation for practice：embedding the development of professional identity within social work curriculum[J]. Social work education, 2019, 38（8）:983-995.

[5] ADAMS K，HEAN S，STURGIS P, et al. Investigating the factors influencing professional identity of first-year health and social care students[J] Learning in health and social care, 2010, 5（2）:55-68.

[6] [16] [36] 秦攀博.大学生专业认同的特点及其相关研究[D].重庆:西南大学, 2009.

[7] [15] 王顶明, 刘永存.硕士研究生专业认同调查[J].中国高教研究, 2007（8）:18-22.

[8] 中国社会科学院语言研究.新华字典[M].北京:商务印书馆,2020

[9] 杨杨.学前教育本科生专业认同感及其影响因素的研究[D].武汉:华中师范大学, 2017.

[10] 中华人民共和国教育部.普通高等学校本科专业目录（2024年）[EB/OL].[2024-09-15]. http://www.moe.gov.cn/srcsite/A08/moe_1034/s4930/202403/t20240319_1121111.html.

[11] YUEH H P, CHEN T L, CHENG P J .Department identification, professional identification, and attitudes toward agriculture in agriculture college students[J].The Asia-Pacific education researcher, 2014, 23（3）:671-681.

[12] FITZGERALDA. Professional identity：a concept analysis[J]. Nursing forum,2020,55（3）:447-472.

[13] DUXY AL KHABULI J OS，BA HATTAB R AS，et al. Development of professional identity among dental students—a qualitative study[J]. Journal of dental education，2023，83（1）:93-100.

[14] [18] SMITH C S，STILIANOUDAKIS S C，CARRICO C K. Professionalism and professional identity formation in dental students：revisiting the professional role orientation inventory（PROI）[J]. Journal of dental education，2022，87（5）:646-653.

[17] [37] 齐丙春.我国西部地区高校学生专业认同度的实证研究[D].重庆：重庆大学，2010.

[19] YAO L Y. Research on the status quo of teachers' professional identity of free-tuition normal university students[J]. International journal of frontiers in sociology，2020，2（8）:55-60.

[20] 王丹，俞荷俊.新冠肺炎疫情对高职护生专业认同感影响因素调查——以黄山职业技术学院为例[J].卫生职业教育，2021（23）:132-134.

[21] 辛霞，朱亚杰，华小倩，等.突发公共卫生事件下护生专业认同感调查分析及反思[J].中国医学伦理学，2021（6）:767-771.

[22] 张海峰，黄楹，麦合力亚克孜·吐尔孙尼亚孜，等.新冠疫情下公共卫生专业本科生专业认同感现况[J].中国高等医学教育，2023（2）:34-36.

[23] 姚娟，何叶成，杨晓莉，等.医药卫生类高职院校学生职业成熟度与专业认同感的相关性研究[J].卫生职业教育，2023（2）:32-35.

[24] 张丽华.档案学本科生专业认同调查研究[J].浙江档案，2017（10）:26-28.

[25] 古南辉.论专业认同感与图书馆学教育的关系[J].图书馆论坛，2010，30（1）:161-163.

[26] 邢文明，周玉琴.图书馆学专业本科生专业认同现状及提升研究——以湘潭大学图书馆学专业为例[J].图书情报工作，2017（6）:46-52.

[27] 刘莹，曹晶，徐龙雨，等.突发公共卫生事件下高校护生专业认同现况及影响因素分析[J].护理学杂志，2020（21）:75-78.

[28] JEFFREY L，BRUNTON M. Professional identity：how communication management practitioners identify with their industry[J]. Public relations review，2012，38（1）156-158.

[29] 后慧宏，陈志伟.西北地方高师院校小学教育专业本科生专业认同研究——基于院校转型视角[J].贵州师范大学学报（社会科学版），2021（5）：47-56.

[30] COHEN-SCALI V. The influence of family，social，and work socialization on the construction of the profession identity of young adults[J]. Journal of career deve-lopment，2003（29）：237-249.

[31] LÖNN A，WEURLANDER M，SEEBERGER A，et al. The impact of emotionally challenging situations on medical students' professional identity formation[J]. Advances in health sciences education：theory and practice，2023，28（5）：1557-1578.

[32] BECK J，CHRETIEN K，KIND T. Professional identity development through service learning：a qualitative study of first-year medical students volunteering at a medical specialty camp[J]. Clinical pediatrics，2015，53（13）：1276-1282.

[33] 谭健烽，蔡静怡，王丹丹.沙盘游戏实验教学对应用心理学专业学生专业认同感的影响[J].教育教学论坛，2022（39）：17-20.

[34] 李莉，王建军.大类分流模式对大学生专业认同感和班级归属感的影响研究[J].高教学刊，2023（1）：5-10.

[35] 梁燕，许佳敏，王君俏.临床导师榜样角色对护理本科生专业认同的作用分析[J].中华护理教育，2020（2）：108-112.

[38] 李美洁.我国情报学专业认同研究[D].郑州：郑州大学，2018.

[39] 支凤稳，张萌，赵梦凡.新文科背景下图书情报专业学位硕士研究生专业认同调查研究[J].图书馆学研究，2023（5）：2-10.

文献考论

国家图书馆藏光绪九年朝鲜活字本《藏园诗钞》剜改情况及天津图书馆藏光绪七年《藏园诗钞》刊刻年代初探

张社列（河北大学管理学院） 汪凌峰（安徽开放大学文法与教育学院）

《藏园诗钞》是清代大臣游智开的诗集。游智开（1816—1900），字子代，号藏园，湖南新化人。咸丰元年（1851）举人，拣选知县。同治四年（1865），升任安徽和州知州。他关心民生疾苦，革除弊政，以清廉著称。曾国藩称其治行为"江南第一"。后转任无为州、泗州、深州、滦州知州，皆政绩突出。十一年（1872），擢知永平府。"一车一盖，周历下邑"，了解民情，严惩污吏，平反冤狱，修葺书院，奖励农桑，修《永平府志》。光绪六年（1880），擢永定河道，治水有功。十一年，擢四川按察使，携一仆入蜀，密访吏治得失。十二年，权布政使。十四年，迁广东布政使，署巡抚。十六年，以老乞休。二十一年（1895），起为广西布政使。在任三年，因病辞官，卒于家。《清史稿》有传。

《藏园诗钞》不仅具有较高的文学价值，而且具有一定的史学价值。诗作中流露出游智开对民间疾苦的同情，对当时社会生活和民间风俗的真实描述，都充分揭示了那个时代的社会现实。此外，诗集中还有大量与朝鲜使者、官员的应答诗，是研究中朝文化交流的宝贵资料。因此，研究《藏园诗钞》具有重要意义。

《藏园诗钞》的初印本是光绪九年（1883）由卞元圭在朝鲜印制的。卞元圭是近代朝鲜事大党的重要成员，曾多次作为使者往来中国。光绪七年（1881）闰七月，朝鲜国王李熙决定以金允植为领选使，以从事官尹泰骏、翻译官卞元圭为佐，率领近百人的使团出使中国，并常驻天津学习洋务。归国之时，卞元圭向游智开索诗稿而去。光绪十年，元圭寄书百余本给游智开，并称因索书者众，归国之时已排印其稿。此即是《藏园诗钞》的初印本，也是活字本。

国家图书馆藏有光绪九年朝鲜活字本《藏园诗钞》。此本上钤"桐城萧氏敬孚藏书"印。牌记曰"光绪九年仲夏吉云馆活字印"。半叶十行，行二十一字。黑口，四周单边。单鱼尾，上记书名，下记叶数。卷前有卞元圭之序。天津图书馆也藏有《藏园诗钞》一书，此本版刻清晰，无序跋，白口，单鱼尾，黑口在下，四周双边，半叶九行，行二十一字，被误定为光绪七年刊本。

1 国家图书馆藏《藏园诗钞》的剜改情况

国家图书馆藏光绪九年朝鲜活字本《藏园诗钞》（以下简称"国图藏本"）有许多剜改之处，即被人剪贴该书其他版本的文字来覆盖或修改原文。如《赠郑雪堂》之序，韩国藏朝鲜本作"雪堂名国鸿，镇筸人。好读书，工楷法。道光中官宝庆副将。后迁处州总兵，与洋夷战殁于阵"。国图藏本中，"后迁处州总兵，与洋夷战殁于阵"数字被纸覆盖。《别卢龙王农部荷夫墓》中的"痛可愕"三字，即为从他版中剪贴而来的。《赠郑雪堂》正文中"文士不知兵，雕虫篆刻何勋名"，国图藏本被剜改作"文士不知兵，咄咄怪事徒虚名"；"壮士环营听将令。手把琱戈北斗悬"，被剜改作"壮士环营听将令。首枕金戈北斗高"。单从用墨上看，显而易见被剜改的文字"咄咄怪事徒虚""首枕金戈北斗高"墨色更黑、更亮。

今用韩国顺天乡大学教授朴现圭提供的韩国藏光绪九年朝鲜活字本《藏园诗钞》（以下简称"韩国藏本"）比对，发现国图藏本中诸如此类的剜改现象共有 37 处，详情见表 1：

表 1　国图藏本剜改处与韩国藏本之比较

序号	诗题	韩国藏本	国图藏本
1	岁暮遣怀	眼前家计无纤累，好语椎妻莫问余	眼前家计无纤累，好语荆妻莫问余
2	赠郑雪堂	序作"雪堂名国鸿，镇簟人，好读书，工楷法。道光中官宝庆副将。后迁处州总兵，与洋夷战殁于阵"	序作"雪堂名国鸿，镇簟人，好读书，工楷法。道光中官宝庆副将"
3	赠郑雪堂	文士不知兵，雕虫篆刻何劬名	文士不知兵，咄咄怪事徒虚名
4	赠郑雪堂	壮士环营听将令，手把珚戈北斗悬	壮士环营听将令，首枕金戈北斗高
5	喜雨	冻雷一鞭走飞电，金蛇侧攫擎天脐	怒雷一鞭走飞电，金蛇屈曲擎天脐
6	送友人之任河南	题作"送友人之在河南"	题作"送友人之任河南"
7	弱羽	时运苟不偕，安得凌风翔	时运苟不谐，安得凌风翔
8	送彭七北上	驱车桑干河，献赋黄金阶	驱车桑干河，弲䉫黄金台
9	示晏生	阴符如可用，不分老樵渔	毛锥如可用，宁老注虫鱼
10	南叟	题作"赠后柴"	题作"南叟"
11	南叟	柴翁负奇异，少壮足惊诧	南叟负奇异，少壮足惊诧
12	恭承	矧遭际夫圣朝兮，咨夔接迹乎岩廊	矧遭际夫圣朝兮，皋夔接迹乎岩廊
13	双刀歌赠仲芸	若云得此足防躯，市间笑杀屠沽者	若云佩此位三公，市间笑杀屠沽者
14	彭城怀古	莽莽河山四望开，兴亡千古剧堪哀	莽莽河山四望开，兴亡千古剧堪哀
15	金陵舟次留别	莫愁湖畔水拖蓝，尊酒欢呼醉屡欢	莫愁湖畔水拖蓝，尊酒欢呼醉屡酣
16	游焦山	我生秉退尚，物外观奇赏	我生秉退尚，物外觀奇赏
17	山东道中三首	朔气连燕赵，幽怀隐薜萝	朔气连燕赵，幽怀隐薜萝

续表

序号	诗题	韩国藏本	国图藏本
18	初至天津	题作"天津谒李节相"	题作"初至天津"
19	兽优优	羌葛屦兮双前横，周道坦兮砥平	羌葛屦兮轻轻，周道坦兮砥斯平
20	碣石篇	波涓者流，汇成巨壑	彼涓者流，汇成巨壑
21	孝妇行	太守愈穆然。服官今十年，贞孝节烈采访凡百千，奇行庸行皆可传。忆牧和州，有柯贞妇，啧啧称贤，生为拜其庐，死为拜其阡。记当太后垂帘，今上同治有六年	嗟嗟男儿，宁愧尔妇女
22	阿爷	栖栖六月东关出，八月儿生未曾睹	栖栖六月东出关，八月儿生未曾睹
23	阿爷	大呼向前我儿父，儿惊得父前抱股	大呼向前找儿父，儿惊得父前抱股
24	病中作三首	卧疴忆前纵，飘飘生羽翰	卧疴忆前踪，飘飘生羽翰
25	病中作三首	湘流岳麓间，吾希彭伯子	湘流岳麓间，吾奇彭伯子
26	见娄佣有感	逍遥不肯佣官府，旦晚翩然返薜萝	逍遥不肯佣官府，旦晚翩然返薜萝
27	苏州王孝廉晋之赠《盘山志》	拙公悦禅味，乃结文字缘	智公悦禅味，乃结文字缘
28	曹绍远诗	我访孝子归，上书达高位	我访孝子归，县令踵旋至
29	胡桃词	金戈金舆返热河，消平大难销兵戈	金戈金舆返热河，削平大难销兵戈
30	送香崖南游	题作"饯别香崖"	题作"送香崖南游"
31	催苏甫游盘山	我亦曾从云照寺，峰巅危立瞰神州	我亦曾从云罩寺，峰巅危立瞰神州
32	别卢龙王农部荷夫墓	一日假寐即逝，年未五十。可愕可惜	一日假寐即逝，年未五十。可愕可痛可愕
33	叙夫叹	连袜与裤，以皮缝成	连袜与裤，以皮缝成

序号	诗题	韩国藏本	国图藏本
34	左恪靖侯会李太傅于天津，太傅招智陪饮，诗以纪之	平勃交欢安汉室，共和夹辅靖周京	平勃交欢安汉室，唐家社稷重西平
35	左恪靖侯会李太傅于天津，太傅招智陪饮，诗以纪之	妙手匀调座上羹，此会津门须记取	妙手匀调座上羹，闻说相公还载酒
36	永定河神祠颂	席以莞兮帘以湘，龟甲屏风兮合沓分张	席以莞兮帘以湘，树中庭兮海棠
37	送彭郎南归	两日到天津，三次到上海	三日到天津，五日到上海

2 国图藏本被剜改的形式与原因

分析国图藏本被剜改的形式及原因，归纳起来不外乎以下几种：

2.1 字词、语句的改动

这是国图藏本被剜改的最主要形式。字词改动是为了获得表达更恰当、更准确、更通俗易懂的效果。语句的改动多是为了确保上下文的连贯性，使之更合乎逻辑，或更合乎韵律的要求。

例1 韩国藏本《岁暮遣怀》中"眼前家计无纤累，好语椎妻莫问余"之"椎妻"，国图藏本剜改作"荆妻"。"椎妻"一词生硬且费解。汉梁鸿妻孟光"椎髻，着布衣"，愿与梁鸿俱隐。后遂以"椎髻"形容为妻贤良，衣饰简朴，与夫共志。椎妻，应是"椎髻之妻"的减省。国图藏本改作"荆妻"，更为通俗易懂。荆妻，是一种常见的谦称，用于对人称自己的妻子。

例3 韩国藏本《赠郑雪堂》中"文士不知兵，雕虫篆刻何勋名"，国图藏本改作"文士不知兵，咄咄怪事徒虚名"。前者用词文雅，但稍嫌晦涩，后者较通俗易解。而天津图书馆藏《藏园诗钞》则改作"文士不知兵，赋诗退敌功"，更合诗律。

例4 韩国藏本《赠郑雪堂》中"壮士环营听将令，手把瑂戈北斗悬"，国图藏本改作"壮士环营听将令，首枕金戈北斗高"。"手把"不如"首枕"意象更鲜明、典型。且前人多用"枕戈"，如《晋书·刘琨传》："吾枕戈待旦，志枭逆虏，常恐祖生先吾著鞭。"杜甫《壮游》诗曰："枕戈忆勾践。"北宋王洙注此诗说，勾践"出则尝胆，卧则枕戈"。把"悬"剜改为"高"字，是出于与前面的"豪""曹""韬"三字协韵的目的。

例5 韩国藏本《喜雨》中"冻雷一鞭走飞电，金蛇侧攫挈天脐"，国图藏本改作"怒雷一鞭走飞电，金蛇屈曲挈天脐"。"冻雷"指春天的雷，因天气未暖，还未解冻而得名。一般情况下，"冻雷"不与"雨"同时出现，而偶与"雪"同时出现，如欧阳修《戏答元珍》"残雪压枝犹有橘，冻雷惊笋欲抽芽"。因此，改作"怒雷"更为恰当。"侧攫"一词比较生僻，似指饥鹰侧着身子攫取猎物，用来形容闪电似为不妥。故国图藏本改为"屈曲"。

例8 韩国藏本《送彭七北上》中"驱车桑干河，献赋黄金阶"，国图藏本改作"驱车桑干河，弭辔黄金台"。"弭辔"指止辔不行，与上句中的"驱车"相连贯，而"献赋"则显得突兀。"台"字比"阶"字更为确切。黄金台，本在今河北省易县东南，相传为战国燕昭王筑，置千金于台上，延请天下贤士，故名。此处借用来喻指彭七北上，亦如贤士应聘。

例9 韩国藏本《示晏生》中"阴符如可用，不分老樵渔"，国图藏本改作"毛锥如可用，宁老注虫鱼"。"阴符"泛指兵书，较为抽象。"毛锥"比较形象，此处指杀敌的工具。"毛锥如可用"，典出陆游《醉中作行草数纸》诗："驿书驰报儿单于，直用毛锥惊杀汝！""老樵渔"指老樵夫和老渔翁。"不分老樵渔"，反用张九成之诗。其诗《即事·幽事晚山色》曰，"幽事晚山色，幽斋春雨余。乱红欹涧水，浮绿涨郊墟。北牖进新笋，西园生野蔬。槿篱绕茅屋，已分老樵渔。""虫鱼"则是指训诂考据之学。"毛锥如可用，宁老注虫鱼"是指晏生不愿争斗杀戮，而喜训古考据之学。"阴符如可用，不分老樵渔"则不具备此义，故国图藏本改作前者，使表意更明确。

例11 韩国藏本《赠后柴》中"柴翁负奇异，少壮足惊诧"，国图藏本《南叟》改作"南叟负奇异，少壮足惊诧"。这是因为诗题的改动而导致的字词改动。

例13 韩国藏本《双刀歌赠仲芸》中"若云得此足防躯，市间笑杀屠沽者"，国图藏本改作"若云佩此位三公，市间笑杀屠沽者"。"足防躯"是刀的最基本的功用，不足惊奇，只有因佩此刀而"位三公"，才会令人惊诧。对刀而言，"佩"字也比"得"字更恰当。

例15 韩国藏本《金陵舟次留别》中"莫愁湖畔水拖蓝，尊酒欢呼醉屡欢"，国图藏本改作"莫愁湖畔水拖蓝，尊酒欢呼醉屡酣"。"屡欢"之"欢"与本句中"欢呼"之"欢"重复，这是诗所忌讳的，故改作更为贴切的"酣"字。

例19 韩国藏本《兽佽佽》中"羌葛屡兮双前横，周道坦兮砥平"，国图藏本改作"羌葛屡兮轻轻，周道坦兮砥斯平"。"砥平"意为平坦。国图藏本在此词中间增入一"斯"字，此"斯"字是衬字，本无实义，作用是为了凑足音节。因此，可以推测这种剜改是为了符合诗的韵律要求。

例27 韩国藏本《苏州王孝廉晋之赠〈盘山志〉》中"拙公悦禅味，乃结文字缘"之"拙"，本是指《盘山志》的作者僧智朴。智朴，号拙和尚，人称拙翁。但"拙公"一来用于称人易引起误解，二来读者可能不知所指为何，而国图藏本改作"智"字，则更恰当。因为诗题中注明了《盘山志》为清康熙中僧智朴撰。

例28 韩国藏本《曹绍远诗》中"我访孝子归，上书达高位"，国图藏本改作"我访孝子归，县令蹿旋至"。"上书达高位"与前面的"力言请于朝，诏辞曰依议"两句意义重复，故国图藏本改之。

例34 韩国藏本《左恪靖侯会李太傅于天津，太傅招智陪饮，诗以纪之》中"平勃交欢安汉室，共和夹辅靖周京"，国图藏本改作"平勃交欢安汉室，唐家社稷重西平"。"平勃交欢"，是指汉代陈平与周勃，共同扶助汉王朝、平定诸吕之乱的事，而"共和夹辅靖周京"则是指召公命姜太公之事。此二句在时间顺序颠倒，故国图藏本改作"唐家社稷重西平"。

例 35 韩国藏本《左恪靖侯会李太傅于天津，太傅招智陪饮，诗以纪之》中"妙手匀调座上羹，此会津门须记取"，国图藏本改作"妙手匀调座上羹，闻说相公还载酒"。国图藏本剜改后的二句都是讲宴饮之事，语义上更加连贯。

例 36 韩国藏本《永定河神祠颂》中"席以莞兮帘以湘，龟甲屏风兮合沓兮张"，国图藏本改作"席以莞兮帘以湘，树中庭兮海棠"。"龟甲屏风"最初是仙人所用。郭子横《洞冥记》曰："上起神明台，上有金床象席，杂玉为龟甲屏风。"后渐用于凡人凡事。李贺《蝴蝶飞》曰："杨花扑帐春云热，龟甲屏风醉眼缬。"故用中庭树海棠，更合乎河神祭祀之所的环境。唐韩偓有诗曰："澹月照中庭，海棠花自落"，虽未直言，但也是讲中庭海棠。

例 37 韩国藏本《送彭郎南归》中"两日到天津，三次到上海"，国图藏本改作"三日到天津，五日到上海"。这是根据当时永平府到天津、上海的实际时间来修改的，更符合实际。

2.2　修正误刻字

这是国图藏本被剜改的重要形式及原因。

例 6 韩国藏本中《送友人之在河南》，显然"在"字为误刻字，故国图藏本被剜改作"任"字。

例 7 韩国藏本《弱羽》中"时运苟不偕，安得凌风翔"之"偕"字，显为"谐"字误刻，故国图藏本被剜作"谐"字。

例 12 韩国藏本《恭承》中"矧遭际夫圣朝兮，咎夔接迹乎岩廊"之"咎"字，显为"皋"字误刻。皋夔，本是皋陶和夔的并称。传说皋陶是虞舜时刑官，夔是虞舜时乐官。后常用"皋夔"借指贤臣。

例 14 韩国藏本《彭城怀古》中"莽莽河山四望开，兴亡千古剧堪衰"

之"衰"字，显为"哀"字误刻，国图藏本改之。

例 16 韩国藏本《游焦山》中"我生秉遐尚，物外观奇赏"之"观"字，显为"覯"字误刻，国图藏本改之。"覯"意为遇见。

例 17 韩国藏本《山东道中三首》中"朔气连燕赵，幽怀隐薜萝"、例 26《见娄佣有感》中"逍遥不肯佣官府，且晚翩然返薜萝"之"薜"字，显皆为"薜"字误刻。"薜萝"是指薜荔和女萝两种野生植物。国图藏本均改之。

例 20 韩国藏本《碣石篇》中"波涓者流，汇成巨壑"之"波"字，显为"彼"字之误刻，国图藏本改之。

例 22 韩国藏本《阿爷》中"栖栖六月东关出，八月儿生未曾睹"之"关出"二字，显为"出关"二字之倒，国图藏本正之。

例 24 韩国藏本《病中作三首》中"卧疴忆前纵，飘飘生羽翰"之"纵"字，显为"踪"字之误刻，国图藏本改之。"踪"指踪迹、事迹。

例 25 韩国藏本《病中作三首》中"湘流岳麓间，吾希彭伯子"之"希"字，为"奇"字之误刻，国图藏本改之。

例 29 韩国藏本《胡桃词》中"金戌金舆返热河，消平大难销兵戈"之"消"字，显为"削"字之误刻，国图藏本改之。

例 31 韩国藏本《催苏甫游盘山》中"我亦曾从云照寺，峰巅危立瞰神州"之"照"字，正当作"罩"字。云罩寺位于今天津市蓟州区盘山风景名胜区挂月峰山崖上，是盘山地势最高的庙宇，本建于唐代，明代敕封"云罩寺"，故国图藏本改之。

2.3　题名的修改

国图藏本将原本中的部分诗名，根据他本进行了剜改。此种形式的剜改，是为了区别类似的其他诗，更加贴近主题等，约有数例。

例 10 韩国藏本《赠后柴》，国图藏本剜改作"南叟"。

例 18 韩国藏本《天津谒李节相》，国图藏本剜改作"初至天津"。

例 30 韩国藏本《饯别香崖》，国图藏本剜改作"送香崖南游"。

2.4　诗序及叙述性文字的删节

韩国藏本中有些诗的序或叙述性文字过于冗长，因而国图藏本对此进行了删节，使其更加简洁。

如例 2 韩国藏本《赠郑雪堂》序中"雪堂名国鸿，镇箅人，好读书，工楷法。道光中官宝庆副将。后迁处州总兵，与洋夷战殁于阵"，国图藏本删除了"后迁处州总兵，与洋夷战殁于阵"数字。

例 21 韩国藏本《孝妇行》诗中叙述性文字"太守愈穆然。服官今十年，贞孝节烈采访凡百千，奇行庸行皆可传。忆牧和州，有柯贞妇，啧啧称贤，生为拜其庐，死为拜其阡。记当太后垂帘，今上同治有六年"，国图藏本删并为"嗟嗟男儿，宁愧尔妇女"两句。

2.5　误改

国图藏本《藏园诗钞》被剜改之处，并非完全是正确的。

例 23 韩国藏本《阿爷》中"大呼向前我儿父，儿惊得父前抱股"之"我"字，国图藏本改作"找"字，即属误改。"大呼向前我儿父"是叙述父亲的，而"儿惊得父前抱股"则是讲儿子的。将"我"字改作"找"字，则是误以为前句也是讲述儿子的，与诗文原意迥异。此诗是讲昌黎曹绍远的父亲在三十岁时远出经商，后母亲生下曹子，曹子三十岁时外出寻父，历经苦难，终于在俄罗斯找到父亲。这两句诗大意是"父亲大喊着'我儿'走向前，儿子惊诧寻到父亲向前抱住父亲的大腿"。光绪十二年本没有采用国图藏本而是采用韩国藏本，正是认为韩国藏本是正确的，而国图藏本为误改。

例 32 韩国藏本《别卢龙王农部荷夫墓》序中"一日假寐即逝，年未五十，可愕可惜"之"可愕可惜"，国图藏本改作"可愕可痛可愕"。国图藏本出现两个"可愕"，显然有误。光绪十二年本则作"可痛可愕"。

例 33 韩国藏本《裋夫叹》序中"连袜与裤，以皮缝成"，国图藏本改作"连袜与袴，以皮缝成"字。其实"袴"是"裤"的异体字，国图藏本没有必要剜改。

3　剜改所依的版本

寻找国图藏本剜改的依据，首先要考虑的是朝鲜活字本以后的版本情况。光绪九年本以后时间最近的有两种本子，一种是天津图书馆藏本（以下简称"天图藏本"）（天津图书馆定为光绪七年本，误也。当在光绪九年至十一年之间），另一种是光绪十二年本。

将国图藏本的剜改之处与天图藏本对比，发现天图藏本仅有 9 处与国图藏本相同，其中 8 处是误刻字的改动，如"之在河南"改为"之任河南"，"薜萝"改作"薜萝"等，另一处则是"三日到天津，五日到上海"的改动。24 处与韩国藏本相同。

此外，天图藏本所收诗作与韩国藏本、国图藏本稍有不同。天图藏本删除《咏柳》《左恪靖侯公李太傅于天津，太傅招智陪饮，诗以纪之》，增收了《李太傅坐间即事》《瓶中桂树歌》《入日郊行作》。

也就是说，天图藏本除了改正了韩国藏本明显的误刻字之外，除了所收诗作有个别差异外，其他与韩国藏本基本相同。所以，国图藏本的剜改不可能是依据天图藏本进行的。

与光绪十二年本对比发现，国图藏本的 37 处剜改中，除了 7 处涉及的诗作光绪十二年本不收录外，有 24 处与光绪十二年本完全相同，其余 6 处光绪十二年本则进行了修改。据此推测，国图藏本的剜改之处，应当是依据光绪十二年本进行的。

而光绪十二年之后的光绪十六年本，与国图藏本差异较大。韩国藏本所收的诗作，有 40 余首在光绪十六年本中被删除了。所以，国图藏本不可能是依据光绪十六年本剜改的。

4　天津图书馆藏《藏园诗钞》的刊刻年代

4.1　朝鲜活字本是《藏园诗钞》的初印本

《藏园诗钞》的初印本是光绪九年由卞元圭在朝鲜印制的。

卞元圭是近代朝鲜事大党的重要成员，曾多次作为使者往来中国。《藏园诗钞》光绪十二年本傅钟麟跋云："先是廉访守永平时，卞君过境，深相眷契，互有赠章。"可见，卞元圭与游智开的相识，始于游氏任永平知府之时。其后两人多有交往，并结下了深厚的友谊。《赠朝鲜卞吉云》诗序曰："光绪五年十二月二十七日，道过都门，宿旅舍中。五更起，将登程，朝鲜使臣卞元圭候门见访，天明乃别，因作诗赠之。元圭号吉云，官副司直。"光绪十二年本后有游智开的识语，云："己卯（光绪五年）冬入都，与朝鲜卞吉云邂近订交。嗣卞君往来平州暨津门，数以诗稿相赠答，归国日携旧稿去。"可见，光绪五年的冬天是二人的初次相识时间，地点是在京城而非永平。

光绪六年春，卞元圭与游智开在永平作别。八月，二人又相见于永平，游智开任期将满，写下了《再赠卞吉云》一诗。光绪七年（1881）闰七月，朝鲜国王李熙决定以金允植为领选使，率从事官尹泰骏、翻译官卞元圭，率领近百人的使团出使中国，并常驻天津学习洋务。所以卞序中有"候天津而纳刺"之语。正是这次出使归国之时，卞元圭索诗稿而去。光绪十年，卞元圭寄百余本书给游智开，并称因索书者众，归国之时已排印其稿。这就是《藏园诗钞》的初印本，亦是活字本。

综上，印于光绪九年的朝鲜活字本是《藏园诗钞》的初印本。《藏园诗钞》二十一年本游氏门人崔师范跋曰：《藏园诗集》为新化游子代先生所著，始刻于朝鲜使臣卞君元圭。"由此可知，朝鲜活字本也是讲卞元圭活字本是《藏园诗钞》的初印本，而以后的其他版本都是以此本为基础删补而成的。

4.2　天图藏本与韩国藏本的异同

国图藏本上钤"桐城萧氏敬孚藏书"印。牌记曰"光绪九年仲夏吉云馆活字印"。卷前有卞元圭光绪九年撰写的序。然此本是经后人剜改过的，不足以作为判断天图藏本刊刻年代的依据。

鉴于此，笔者采用韩国顺天乡大学教授朴现圭提供的韩国藏未经剜改过的《藏园诗钞》作为参照，与天图藏本进行对比。结果发现：

（1）天图藏本与韩国藏本行款不同

国图藏本与韩国藏本行款是一样的，都是半叶十行，行二十一字。黑口，四周单边，单鱼尾，上记书名，下记叶数。内容亦基本相同，只是前者有众多剜改之处，可以确定是同一版本。而天图藏本版刻清晰，无序跋。白口，单鱼尾，黑口在下，四周双边，半叶九行，行二十一字。可见，天图藏本与韩国藏本行款不同，完全可以确定二者不属于同一个版本。

（2）天图藏本纠正了韩国藏本明显的排印错误

经过比对发现，天图藏本与韩国藏本文字上略有差异，主要不同是天图藏本纠正了韩国藏本明显的刻印错误。如：

韩国藏本《送友人之在河南》之"在"字，显然是"任"字误排，故天图藏本改作"任"字。

韩国藏本《彭城怀古》中的"莽莽河山四望开，兴亡千古剧堪衰"之"衰"字，显然是"哀"字误排，故天图藏本改作"哀"字。

韩国藏本《山东道中三首》中的"朔气连燕赵，幽怀隐薜萝"，《见娄佣有感》中的"逍遥不肯佣官府，且晚翻然返薜萝"之二"薜"字，显然是"薜"字误排，故天图藏本均改作"薜"字。

韩国藏本《碣石篇》中的"波涓者流，汇成巨壑"之"波"字，显然是"彼"字误排，故天图藏本改作"彼"字。

韩国藏本《阿爷》中的"栖栖六月东关出，八月儿生未曾睹"之"关出"二字，显然是"出关"二字倒乙，故天图藏本改作"出关"二字。

韩国藏本《病中作三首》中的"卧疴忆前纵，飘飘生羽翰"之"纵"字，显然是"踪"字误排，故天图藏本改作"踪"字。

韩国藏本《胡桃词》中的"金戌金舆返热河，消平大难销兵戈"之"消"字，显然是"削"字误排，故天图藏本改作"削"字。

值得说明的是，以上误排字国图藏本均被人剜改修正了。可以说，国图藏本已非光绪九年朝鲜活字本本来的面貌。

（3）天图藏本对韩国藏本个别语句进行了修改

天图藏本除了纠正了韩国藏本个别错字之外，还对少量的语句进行了修改。如韩国藏本《赠郑雪堂》中的"文士不知兵，雕虫篆刻何勋名"，天图藏本作"文士不知兵，赋诗退敌兵"，更加符合诗的韵律要求。然则国图藏本则剜改作"文士不知兵，咄咄怪事徒虚名"。

韩国藏本《别卢龙王农部荷夫墓》序曰："一日假寐即逝，年未五十。可愕可惜！"天图藏本改作"一日假寐即逝，年尚未五十也"，而国图藏本则误改作"一日假寐即逝，年未五十。可愕可痛可愕"。

韩国藏本《送彭郎南归》中的"两日到天津，三日到上海"，天图藏本作"三日到天津，五日到上海"，更加符合实际情况。国图藏本亦剜改如天图藏本。

（4）天图藏本与韩国藏本所收诗作不尽相同

经过比对发现，天图藏本与韩国藏本所收诗作不尽相同。天图藏本在书的最后增收了《李太傅座间即事》《瓶中桂树歌》《人日郊行作》三首诗作，而且删除了《咏柳》《左恪靖侯公李太傅于天津，太傅招智陪饮，诗以纪之》两首诗作。

综上所述，可以认定，天图藏本最接近于韩国藏本，但又晚于韩国藏本，与韩国藏本不是同一个版本。

4.3 天图藏本与光绪十二年本的异同

光绪十二年本是除了国图藏本之外，在国内所看到的较早的本子，所以通过对比天图藏本和光绪十二年本，可以将天图藏本的刊刻时间确定得更为准确。

尽管天图藏本与光绪十二年本行款一致，都是半叶九行，行二十一字，但经过比对，二者不是一个版本，或者说二者不存在版式上的递修关系。

天图藏本较光绪十二年本多出 16 篇，即《黄陵庙》《过亡弟墓》《新婚曲》《赠郑雪堂》《仙人歌》《送友人之任河南》《南叟》《晓过洞庭》《遇潖沱次常山》《泗州僧寺》《金陵舟次留别》《临榆道中即景》《碣石篇》《长新店》《摩山四咏为朝鲜李橘山作》《河干消夏》。换言之，光绪十二年本删除了天图藏本所收的 16 篇诗作。

光绪十二年本较天藏图本多出 30 篇，即《过止园作》《卢沟桥遇雨》《夏夜天津道中作》《天津寓居有怀刘六》《赠王朗卿》《寄方存之》《万年仗》《再登石景山》《苏甫斋中赏菊》《即事柬苏甫》《赠朝鲜使臣闵翰山》《永定河龙神祠看海棠》《丰台曲》《固安桃》《箕叹》《碛歌》《河涨》《河溢》《闻道三首》《工次归别刘稼民司马》《一醉笑题店壁》《旧仆至自和州感吟五首》《和州柯贞妇》《再题司马绣谷画》《和朱生诗四首》《天津即事五首》《天津杂感五首》《赵子昂画马》《去郡日作》《河干曲》。

光绪十二年本较天图藏本多出的诗作，除《过止园作》《去郡日作》《河干曲》三首外，其余都排在诗钞的最后，可以推测，这 30 首当为光绪十二年在天图藏本的基础上，再次修改而补入的。这说明光绪十二年本要晚于天图藏本。

此外，笔者研究认为，国图藏本是被人依据光绪十二年本剜改的，而不是依据天图藏本。从文字的成熟与修改过程看，天图藏本较之十二年本要差一些。这也从侧面印证了天图藏本早于光绪十二年本。

4.4 天津图书馆藏《藏园诗钞》被定为光绪七年本是错误的

天图藏本版刻清晰，无序跋，白口，单鱼尾，黑口在下，四周双边，半叶九行，行二十一字。序跋阙。首页右下角有"国家古籍保护中心制"和"天津图书馆藏书之章"两枚印。

天图藏本被定为光绪七年本，这是错误的。错误产生的原因主要有两个，一是不了解《藏园诗钞》初印本的时间，二是受到了诗集前附识的影响。

其一，前面已经提过，《藏园诗钞》的初印本是光绪九年的朝鲜活字本。因此，无论怎样，天图藏本都不可能早于光绪九年。

其二，是由于受到了诗集前附识的影响。天图藏本诗集前曰：

> 少好吟咏，亦不多作，删录一卷，藏箧笥中，为日后殉葬具可耳。光绪七年辛巳秋日新化游智开。

这里附识的时间，只是在说明游智开于光绪七年完成了当时手稿的整理，而并非是指刊刻时间。这里的"光绪七年"，是导致天图藏本年代判断失误的关键因素。

国图藏本已非光绪九年朝鲜活字本的原貌，其中有 37 处被人依据光绪十二年本进行了剜改。借助韩国藏未经剜改的光绪九年朝鲜活字本，我们可以了解国图藏本被剜改的情况以及剜改的形式与原因，并恢复国图藏本的原貌。同时，还应指出的是，湖南省图书馆藏光绪九年朝鲜活字本《藏园诗钞》，也存在着相同的情况。

天图藏本与国图藏本、韩国藏本行款不同，前者为半叶九行，后二者为半叶十行，均行二十一字，而且收录的诗作也有差异，可以肯定天图藏本与韩国藏本不是一个版本。天图藏本最接近于韩国藏本，但晚于韩国藏本。

天津图书馆藏《藏园诗钞》与光绪十二年本相比，少收了 30 余首诗作，保存了大量被光绪十二年本删除的诗作。

因此，天图藏本是一个介于初印本与光绪十二年本之间的本子。这个本子在其他版本的序跋中没有提及，应当是继韩国藏本之后，流传到国内的首刻本，时间应当在光绪九年至光绪十二年之间，且天图藏本校勘较为优良，版式清晰。从整体而言，天图藏本既是一个较完善的刻本，也是一个记录《藏园诗钞》版本流变的重要版本。

传播视域下南怀仁《坤舆全图》研究

马秀娟　陈雪铮　陈振亚　宋立杰（河北大学图书馆）

　　明末清初，欧洲天主教士纷纷来中国传教，但中西文化差异很大，传教异常困难。面对物质文明和精神文明都非常发达的中国，依靠武力强迫中国人皈依天主教的方法难以通行，于是他们采取"适应策略"，即研究中国的儒家文化，采用天主教教义比附儒家经典的"合儒补儒"的传教方法，以使其得到中国人尤其是文人士大夫的支持，进而使更多人皈依天主教。"适应策略"的采取，不仅仅表现在宣传宗教教义方面，还扩展到了天文学、地理学、数学等科技领域，梦想以科学为梯，宣扬天主教义。南怀仁（Ferdinand Verbiest）是明末清初天主教耶稣会著名的传教士，是继沙勿略（Francisco Javier）、利玛窦（Matteo Ricci）之后"适应策略"的主要践行者。康熙十三年（1674），他为康熙皇帝绘制了一幅中文版世界地图《坤舆全图》，并编撰《坤舆图说》阐释该图。为传播该图，南怀仁采取"适应策略"，在内容译介、构图设计、纹饰、阅读习惯，尤其是中国在整幅地图中的位置等方面适应中国人的文化心理，融入中国文化，传播效果良好。《坤舆全图》《坤舆图说》在中国多次重刊，广为引用，其绘制技术和特点被清代中国地图所借鉴。该图不仅在当时的中国地理学界，而且在整个知识界、社会文化中都产生了重要影响，成为中西文化交流史上的经典之作。目前王省吾、崔广社、汪前进、邹振环等对《坤舆全图》的版本、内容、价值等进行了研究。王省吾、崔广社等提出《坤舆全图》版本包括 1674 年的刻本和彩绘本，刻本包括木板刊刻的不着色的墨色版和另行设色彩色版。崔广社在其《南怀仁〈坤舆全图〉的文献价值》[1]中对1674年木板刊刻的《坤舆全图》进行了详细介绍和高度评价，指出该图恢宏大气、图文并茂、制作精细，采用经纬理法的科学制图方法，标识出五大洲的南北东西迄点，记述了世界各地的风土、人情、物产，统计了全球著名的山岳高度、河流长度，而且第一次提出小西洋的概念，即印度洋水系。他认为《坤舆全图》是中国古代中文版世界地图的集大成者，具有里程碑的意义。王省吾介绍了澳大利亚国家图书馆存藏的南怀仁彩绘绢本《坤舆全图》[2]，该绘本由两幅组成，各高199厘米，横155厘米，图中绘制了赤道、南北回归线，河流、海岸线均用墨色，陆地、海洋、山脉、海舶、水陆动物等绘为彩色。图中均用中文楷书标注经纬度数、地名与注释，中国各地与小部分东南亚岛屿，均采用已熟知地名，绘制十分精细，解释典雅，书写工整。汪前进的《南怀仁〈坤舆全图〉研究》[3]对《坤舆图说》与《坤舆全图》进行了细致的对比，指出两者的释文内容基本相同，而《坤舆图说》对有些内容解释更加翔实。邹振环对《坤舆全图》中绘制的动物进行了详细介绍，并指出中国古代地图很少出现大片的海洋，地图上没有大量的空间来摹绘奇鱼异兽，因此，古代中国地图中没有形成绘制动物的传统，《坤舆全图》中绘制动物主要借鉴欧洲地图绘制的特点[4]。本文将在前人研究的基础之上，以传播的视角对其进行探讨，抛砖引玉。

1 南怀仁及其《坤舆全图》的绘制

南怀仁是明末清初比利时著名的传教士，学识渊博，曾任耶稣会中国省区会长、清朝钦天监监正和工部右侍郎等职，也是著名汉学家、外交家、科学家，而且长期担任康熙皇帝的老师。为了取得康熙皇帝的信任、倚重，乃至对其思想的影响，最终取得天主教在中国传教的特权，南怀仁做了大量卓绝的工作和探索。他曾在清朝主持修浚河道，编制历法，监造适合山地作战的大炮，参与中俄边境谈判等；编著大量天文、地理科技著作[5]，如《康熙永年历法》《新制灵台仪象志》《御览西方要纪》等。《坤舆全图》《坤舆图说》是南怀仁重要科技著作。

1674 年，为将 16 世纪地理大发现以来的世界地理知识介绍给康熙皇帝，南怀仁依据 1592 年荷兰制图学家普兰修斯（Petru Plancius）绘制的世界地图，1648 年出版的荷兰制图学家琼·布劳（Joan Blaeu）的名为《新世界全图》（Nova Totius Terrarum Orbis Tabula）的世界地图等多幅欧洲地图和明朝传教士利玛窦绘制的中文世界地图《坤舆万国全图》、艾儒略（Giulio Aleni）编写的地理著作《职方外纪》，以及中国古代地理文献等资料绘制了《坤舆全图》。《坤舆全图》借鉴欧洲经纬理法的地图绘制方法、圆锥投影法、地图中绘有动物、注重装饰等特点，如该图中绘有 36 种动物图像，并附有关于动物简短的文字解释，成为中国地图史上绘制动物最多的世界地图。南怀仁希望通过欧洲地图绘制动物的方式，给皇帝传达一种异国情调。该图接续了利玛窦《坤舆万国全图》中中国为整幅地图中心的特点，并吸收中国古代地理文献具有奇异性、传说性的特点，引人入胜。该图还吸收了中国古代方志图文并茂的特点，信息含量大。《坤舆图说》借鉴并丰富了《职方外纪》关于世界地理的知识。南怀仁借鉴东西方地图绘制的特点绘制了《坤舆全图》，将大航海时代以来欧洲人的海外探险、世界新大陆的发现以及天文地理新知等绘入地图，想给康熙皇帝和清朝的中国人带来全新的世界地理知识和不同的地图绘制方法。但如何让他们接受并传播这些地理知识，南怀仁采取了很多策略和方法。

尽管明末清初，中国的繁荣与开放为多种文化的交汇和融合提供了宽松的政治环境，国家允许西方传教士在国内传播西学尤其是西方科技知识，但《坤舆全图》在中国的传播毕竟属于跨文化的传播，是两种异质文化之间的交流。在不同的民族，外来的异质文化要想被他国民众接收并融入于他国的传统文化之中，需要文化传播者了解本地文化，精心策划传播的模式与传播方法。为传播该图，南怀仁从中国人接受异质文化须融入本土文化的心理出发，精心绘制，使得地图精美无比，具有较高的艺术性，而且广泛汲取中华文化元素并融入图中。《坤舆全图》无论是视觉效果、构图设计还是近代天文地理的思想阐释、内容译介等都力求适应中国文化，使中国人尤其康熙皇帝在观看该图时有亲和感、熟悉感、自信感，容易理解和接受，易于传播。

2 《坤舆全图》的视觉模式和中国中心观

2.1 中国是整幅地图的视觉中心

《坤舆全图》[6]由八屏装帧而成，每屏高 1.71 米，宽 0.51 米。该图以 5 度和 10 度为单位绘制经纬线，以东经 25° 和西经 155° 为界将地球分为东西半球，以赤道为界分为南北半球。《坤舆全图》中间的六屏绘制了东西半球，东半球绘制在整幅地图的左边，西半球绘制在整幅地图的右边，其余两屏作为附图。东半球绘制了亚细亚州（亚洲）、利未亚州（非洲）、欧罗巴州（欧洲）、墨瓦腊泥加州（南极洲、大洋洲的新阿兰地亚以及北极等陆地）；大西洋、小西洋（印度洋）、冰海（北冰洋）、大东洋（太平洋）西部一小部分、地中海、红海等。西半球绘制了北亚墨利加州（北美洲）、南亚墨利加州（南美洲）、墨瓦腊泥加州（南极洲以及大洋洲新瑟兰地亚等陆地）；大西洋、小西洋（印度洋）、冰海（北冰洋）、大东洋（太平洋）一小部分海域等。东西两半球周围绘有 6 块椭圆形的精美图饰，两屏附图各绘有 4 幅精美图饰，都内嵌说明文字。该图在南极洲、众海域以及其他空白处还绘有数量众多的海陆动物和帆船。

观众在观看《坤舆全图》时无论是按照视觉习惯、九宫格构图法还是黄金分割法，中国始终都是整幅地图的视觉中心。首先，《坤舆全图》除了地图的属性，也是一幅图文并茂的图画，具有较强的艺术性。虽然从视觉设计来说画面的物理中心即画面的视觉实心。但由于人们的视觉习惯，画面的视觉实心稍稍偏上一些的景物才是画面的视觉中心。在《坤舆全图》

中赤道与东经 25° 相交形成的十字交点是整幅地图的物理中心，而中国恰好位于该中心稍稍偏左上一些的位置，实际观看，中国恰好为整幅地图的视觉中心。其次，九宫格法也叫井字构图，横竖线相交的四个点，被称为趣味点。在传统的视觉表现中，四个趣味点中间的区域即是画面的视觉中心。按照九宫格构图法，中国正好位于《坤舆全图》中井字四个交点之内区域，为整幅地图的视觉中心。再次，按照黄金分割法，中国正好处于整幅地图纵向黄金分割点附近，成为全图的主体景物，这样不但能更好地发挥中国在图面上的组织作用，协调和联系中国周围的国家及景物，产生美感和很好的视觉效果，而且使中国在全图中的位置更加鲜明、突出。

《坤舆全图》以中国为中心的视觉效果，让中国人倍感亲切，心情愉悦，容易接受。

2.2　中国位于整幅地图的中央

古代中国人认为中国位于世界的中心，这种观念最早可以追溯到商周时期。随着历史的演进，虽然人们逐渐认识到世界的广阔，但"中央之国"的地理中心观仍然深入人心。这一观念在很大程度上影响了古代中国的政治、文化和外交政策。世界各国文化中，东西南北的含义多有不同，甚至"尊""卑"意义完全相反，但唯有"中"这个方位内涵相同，其地位不容动摇[7]。南怀仁在绘制《坤舆全图》时，就积极迎合了中国人的这种观念，将《坤舆全图》绘制成圆形，同时将亚细亚州、利未亚州、欧罗巴州所在的东半球绘制在整幅地图的左边，亚墨利加州所在的西半球绘制在整幅地图右边，使中国位于整幅地图的中央。若反之，中国将位于整幅地图的东北一隅，会使很多中国人心理和情感上难以接受，影响其传播效果。

《坤舆全图》也是目前发现的最早的以北京为本初子午线的世界地图。采用经纬理法绘制的地图上，本初子午线的位置为世界地理之中心。当地图绘制时，世界各地纬线的度数是客观的，但经线的度数可以主观设定，理论上任何一条经线都可以确定为本初子午线。本初子午线位置的确立与各国在世界上的地位有很重要的关系，历史上本初子午线位置一般由世界上的强国所主宰，几经变化，斗争从未停止。公元前 3 世纪到公元前 2 世纪，托勒密埃及王国将通过埃及亚历山大的经线确定为本初子午线，从而在地理学上确立了世界的中心。到了中世纪，欧洲各国绘制的地图都将通过首都或各国天文台的经线作为本初子午线。1667 年，法国绘制的地图将通过巴黎的经线作为本初子午线。1884 年，国际本初子午线大会正式确定通过伦敦格林尼治的经线为本初子午线。《坤舆全图》中北京本初子午线在地理学上确立清朝时的北京为世界地理中心，比英国伦敦格林威治本初子午线的确立还早 210 年。清初天朝上国的荣耀在此图中显露无遗，极大地满足了康熙皇帝及普通中国人作为中央大国国民的心理。

3 《坤舆全图》对中国文化的借鉴和吸收

3.1 阐释"天圆地方"的思想

中国自古就有"天圆似张盖，地方如棋盘"的天地观。为适应这一思想，南怀仁在《坤舆全图》中较早将地球绘制为圆形，并阐述地球由海洋和陆地组成，合为一球形，并以鸡蛋中蛋清和蛋黄比喻地球与宇宙关系，"夫地与海本是圆形，而合为一球，居天球之中。诚如鸡子，黄在青内"[8]。但考虑到康熙皇帝以及中国人的感受，他并没有直接否定"地方"的观念，而是采取折中的策略，对其进行新的阐释，所谓"地方"是指地球固定的不移动的特性，而不是指地球的外在形状，"有谓地为方者，乃语其定而不移之性，非语其形体也"[9]。

3.2 借鉴中国传统对称的构图设计

《坤舆全图》由八屏装帧而成，中间六屏绘制的东西半球对称分布，东西半球周围所附 6 块椭圆形精美图饰对称分布。该图东西半球两侧两屏附图对称分布；两屏附图中的 8 块精美图饰也对称分布。对称是中国传统美学的一个重要元素，对称美是艺术美的重要组成。在中国文化中，对称的事物能给人一种安静的严肃感，蕴含着平衡、稳定之美。同时对称的景物在审美者大脑中所形成的视觉与大脑对其全身对称的知觉相适应，从而产生舒适感。《坤舆全图》对称的构图设计使中国观众在观看这幅图时不但感到稳重、严肃、大气之美，还身心愉悦。

3.3　借鉴中国传统地理文献的编撰特点和内容

第一，《坤舆图说》借鉴了中国传统地理文献的编撰特点。中国早期许多地理著作如《山海经》等都夹杂着不少奇闻异说，该书借鉴了这一特点，其内容充满了奇异性甚至荒诞性。例如，可以治疗百病的巴杂尔，"有兽名巴杂尔，似羊鹿，其腹内生一石，能疗百病，极贵重"[10]。再如南亚墨利加州白露国遍地黄金，"地出金矿，取时金土互混，别之金多于土，故金银最多，国王宫殿，皆以黄金为板饰之"[11]。又如，神奇的树木。利未亚州西北有一岛名铁岛，岛内没有饮用水源，"生一种大树，每日没，有云气抱之，酿成甘水滴下"[12]，满足岛上居民饮用，自古如此。但也有树木如恶魔一般，夺人性命。亚细亚州的吕宋岛有一种树，即"百兽不得近，一过其下即毙矣"[13]。从传播的角度分析，人们总是乐于接受反常的、新奇的、罕见的信息。因此，《坤舆图说》的内容满足了读者猎奇的心理。

第二，借鉴中国传统的地理名称和地理文献的内容。首先，《坤舆全图》沿用中国传统名称标注中国的省、省府、山岳、河流以及域外日本、安南、朝鲜等国家和地区的名称。其次，引用中国古代地理文献中的内容，例如，《坤舆图说》记载了乐德海岛铜人巨像高大雄伟。该铜人高 30 丈，一人伸开双臂也难以围抱其一个手指。铜人被放置在海口，其两腿迈开，大船能从其胯下轻松通过。四库馆臣认为铜人巨像的内容影附了东方朔《神异经》中东南大荒之中关于朴父的介绍，夫妇身高千里，导护百川，不吃饭不喝水，不惧怕严寒酷暑，唯饮天露[14]等。再如，在南怀仁所处的时代，欧洲人对中亚地理了解较少，他参考了宋元之际著名史学家马端临在《文献通考》中对中亚的介绍。《文献通考》记载了西伯利亚地区有一个被称为牛蹄突厥地方，气候极其寒冷，即使夏天河水之冰仍有两尺多厚，必须用容器将水化开，方可饮用，所住居民外表极其怪异，人身牛足[15]。《坤舆全图》释文中有"又北牛蹄突厥，人身牛足。水曰瓠河，夏秋冰厚二尺，春冬冰澈底，常烧器消冰乃得饮"[16]。由此可见，南怀仁在绘制《坤舆全图》、编写《坤舆图说》时应参阅了该内容。

3.4　适应中国人阅读书籍的习惯

《坤舆全图》虽然是欧洲传教士绘制的世界地图，但全部用中文标注，而且该图的版面设计、文字大小、字体、语言特点等符合中国人的阅读习惯。第一，《坤舆全图》开本较大，约 7 平方米，绘制中采用较大比例尺、康熙朝流行的楷体字字体大而清晰，让当时的康熙皇帝以及中国人感到无比亲切。第二，借鉴中国传统图志的特点进行绘制，图文并茂，以图为主，但释文详细，信息量极大。第三，《坤舆全图》地理标注和释文与中国传统地图基本相同，而且对释文中的国家名称和地区名称进行了标注，便于读者阅读和理解。第四，释文文字简洁，富于文采。例如，南亚墨利加州南部的智加国被称为长人国，"人长一丈许，遍体皆毛"[17]，而早期的智加人更高，其牙齿"阔三指，长四指余"[18]。虽然寥寥数语，却把长人国的身高、外貌特征描述得清清楚楚。再如，利未亚州莫讷木大彼亚国的人皆为黑色，不但生吃动物，还生吃人。"喜食象肉，亦食人，皆生啗之。"[19] 短短几句使国人对这个国家和地区居民的肤色、饮食习惯一目了然。

3.5　适应中国人文化心理的译介

"文化心理是生长在某一文化区域中的人们在长期社会实践中形成的总体心理特征，具有鲜明的民族性，因此文化心理又称作民族文化心理。它很大一部分内容是由民族成员通过遗传和学习从祖先那里继承下来的文化经验形成的。这种经验世代相传，经久不变。它作为一种独特的心理特质扎根于每一个具有共同祖先的民族成员的心理结构之中，影响和支配他们的思想和行为。"[20] 因此，在不同文化传播中，了解、尊重、适应一个民族的文化心理是取得理想传播效果的有效途径。南怀仁作为汉学家，长期在中国生活、传教和为官，非常了解中国人的文化心理。《坤舆全图》内容译介尤其是域外动物知识的翻译和介绍充分体现南怀仁对中国人文化心理的尊重和适应。例如，巴西有一种鸟"吻长而轻，与身相等，约长八寸，空明薄如纸"[21]，被称为犀鸟或巨嘴鸟，与中国喜鹊相像，属于巴西国宝级的动物。在中国文化中，喜鹊被认为是一种吉祥的鸟，"鹊鸣兆吉"成为中国人传统的文化情结，一直延续至今。于是南怀仁将外形相像的巴西犀鸟和中国喜鹊联系起来，将其翻译为巴西尔喜鹊。再如，麒麟为中国传统瑞兽，主太平、长寿，与凤、龟、龙并称为四灵。古人认为，麒麟出现之地，必有祥瑞之事。中国人常把麒麟饰物摆在家中，保佑平安吉祥。因此，南怀仁将非洲的长颈鹿翻译为麒麟。南怀仁在尊重中国文化的基础上，将西方科学与中国祥瑞或传说故事相联系，传播全球的动物知识，从而实现中西动物文化的沟通和理解。

4 《坤舆全图》绘制精美　中西合璧

地图历史悠久，作为图像，不仅仅是地理知识的简单呈现，也是珍贵的艺术品，具有独特的文化承载功能和艺术性。在 17 世纪的欧洲，地图属于奢侈品，价格昂贵。为了炫耀，有权有势的人购买地图并将其悬挂在家中。为此，这一时期的地图也非常注意装饰[22]。绘制者在图中绘有漂亮的花草纹饰，有的还绘制生动的飞禽走兽。南怀仁在绘制《坤舆全图》时，继承了这一传统，将地图与绘画完美结合起来，使其更为精美，艺术价值极高。

4.1　精心设计，图文并茂

第一，气势恢宏。在广告学里，当受传者面对内容、文字、构图相同而大小不同的两幅广告时，因为大幅广告在受传者视网膜上形成的图像更加清晰，更能吸引他们的注意力。《坤舆全图》约 7 平方米，是罕见的大开本地图，容易引起观者的特殊关注。

第二，图饰精美。《坤舆全图》所绘东西两半球周围有 6 块椭圆形的精美图饰，两屏附图共有 8 块精美图饰。这些图饰既包括西方的卷草纹、卷叶纹，也包括中国传统的云纹、回形纹等，中西合璧，精美异常。

第三，图文并茂。南怀仁利用西方透视画法和明暗法在图中绘有 43 只海陆动物和 4 艘帆船。例如，该图左边墨瓦腊泥加州内绘制有 10 只陆地动物，包括利未亚州的长颈鹿、狮子、鳄鱼，欧罗巴州的蜘蛛、貂熊，亚细亚州印度国产的犀牛，墨瓦腊泥加州新阿兰地亚的无对鸟等。该图右边墨瓦腊泥加州内绘制了 12 只陆地动物，包括亚细亚州的山羊，利未亚州的狸猴，亚墨利加州的鸡，欧罗巴州的河狸等；南亚墨利加州内绘有喜鹊、无目蛇、梅花鹿等。这些动物形象、逼真、栩栩如生，正在飞翔的飞鱼、喷水的鱼、雄壮的狮子、乘风破浪的帆船以及广阔的海洋，犹如一幅幅美丽的图画，也是中国地图史上绘制动物最多的世界地图。这些绘图在相同的版面空间传递出抽象文字所不能传递的信息，而且还起到美化该图的作用，艺术性极高。

4.2 另行设色，尤其精美

河北大学图书馆收藏的《坤舆全图》，是 1674 年初印，另行设色的彩色《坤舆全图》，也是国内现存的唯一一幅彩色版的《坤舆全图》。该图绘有青绿、深红、天蓝、橙红、浅黄、黑、白等多种颜色，色彩总体淡雅，但不失鲜艳。其中亚细亚州、利未亚州绘为浅黄；欧罗巴州、北极附近大陆绘为深红；亚墨利加州、墨瓦腊泥加州绘为浅红色；今大洋洲的新阿兰地亚、新瑟兰地亚绘为橙色。大海为浅绿色。亚细亚洲、欧罗巴州、利未亚州、亚墨利加州、墨瓦腊泥加州的大洲名称绘为天蓝色。海里的动物一般黑白相间；陆地动物色彩鲜艳，如鼻角兽绘有红、黄、黑、浅红四种颜色，威武雄壮。彩色地图能给观众带来更多美的享受，比墨色地图更能吸引观众的注意，获得观众的喜爱。

南怀仁通过版面设计、图饰、绘画、色彩等把天文地理知识融入这些艺术图景，让中国人在享受美的同时，不知不觉受到《坤舆全图》天文地理知识传播的影响，达到"随风潜入夜，润物细无声"的传播效果。

5 《坤舆全图》的传播与认同

地图是地理知识传播的重要媒介。绘制精美、技术先进、五大洲四大洋的广阔地域、新发现的美洲大陆、奇特物产、异域风情、神秘的海陆动物、先进的造船技术，以及对中国文化广泛而深入的吸收借鉴，宽松的政治环境，南怀仁与康熙皇帝的特殊关系等因素，使《坤舆全图》在中国传播较广，具有一定的影响。《坤舆全图》不但引起康熙皇帝的浓厚兴趣，促使其大力支持利用当时先进的经纬理法绘图技术绘制中国地图，也引起普通百姓的关注、学习、使用和传播。

《坤舆全图》的传播途径主要有两个：一是通过《坤舆全图》《坤舆图说》重新刊刻，版本数量不断增多；二是《坤舆全图》《坤舆图说》的内容被多类著作所引用，这使读者数量日渐增多，从中国的皇帝、士大夫扩展到一般百姓，从国内流传到国外。

5.1 多次重刊，版本较多

康熙十三年（1674），《坤舆全图》刊刻后，又多次重刊。乾隆朝传教士蒋友仁以该图为蓝本，参照西域诸多地图以及西方发现的新的世界地理知识重新绘制了一幅世界地图，命名为《增补坤舆全图》[23]。咸丰朝中国的广东和邻国朝鲜又重新刊刻了《坤舆全图》[24]，《坤舆全图》不但在中国传播，还流传到了国外。除了中国，日本神户市立博物馆、日本东洋文库、法国国家图书馆、美国国会图书馆等均有收藏。《坤舆图说》自康熙朝就开始刊刻。上海图书馆藏有康熙朝刊刻的《坤舆图说》。民国时期商务印书馆出版了《坤舆图说·坤舆外纪》等[25]。除了单行本存世外，该书还收入康熙朝的《古今图书集成》、乾隆朝的《四库全书》，以及清代钱熙祚辑的《指海丛书》等大型的类书和丛书。

5.2　广为引用，传播较广

第一，《坤舆全图》所绘动物被收入《石渠宝笈》

《石渠宝笈》是清乾嘉年间宫廷书画大师编撰的关于清廷内府所藏历代书画作品的大型著录文献。全书分初编、续编和三编，续编第五册为《兽谱》。《兽谱》是关于外来异国动物的文献，图文并茂。该书绘有狮子、长颈鹿、独角兽、般第狗等 12 种动物，绘制精美，释文翔实，与《坤舆全图》中的动物形象相同，介绍相同。邹振环指出，《兽谱》中的动物画像及释文应来自《坤舆全图》的图文[26]。

第二，《坤舆图说》内容被多部著作所引用

《坤舆图说》在清代流传较广。该书内容就被魏源的《海国图志》、穆彰阿的［嘉庆］《大清一统志》、何秋涛的《朔方备乘》、何绍基的［光绪］《重修安徽通志》、永瑢和纪昀的《四库全书总目》、张之洞的《书目答问》、丁丙和丁和甫的《八千卷楼书目》、赵学敏的《本草纲目拾遗》、贺长龄的《清经世文编》、倪模的《古今钱略》、梁启超的《戊戌政变记》、李文田的《元秘史注》、俞浩的《西域考古录》、方濬师的《蕉轩随录》、王士禛的《居易录》、葛士浚的《清经世文续编》、纪昀的《河源纪略》和《阅微草堂笔记》等 40 余种[27]著作所引用。而且这些著作内容不同，作者身份地位不同，编撰刊刻时间不同。

首先，内容不同。清朝《坤舆图说》的内容被多部著作所引用，除了地理学，还有目录学、历史学甚至小说等。地理学著作如《海国图志》、［嘉庆］《大清一统志》、《朔方备乘》、［光绪］《重修安徽通志》；目录学著作如《四库全书总目》《书目答问》《八千卷楼书目》；医学著作如《本草纲目拾遗》；经济学著作如《古今钱略》；历史学著作如《戊戌政变记》《元秘史注》《西域考古录》；小说如《阅微草堂笔记》《蕉轩随录》；等等。

其次，编撰刊刻时间不同。在清朝，引用《坤舆图说》内容的著述编撰刊刻时间不同。如《居易录》撰于康熙朝，《河源纪略》撰于乾隆朝，《清经世文编》刊于道光朝，《清经世文续编》刊于光绪朝等，从康熙朝一直到清末，甚至民国时期都有编撰刊刻与发行。

再次，作者的身份地位不同。在清朝，引用《坤舆图说》内容著述的作者身份地位不同。有地理学何秋涛、钱币学家倪模，清初的著名诗人王士禛以及穆彰阿、张之洞、文廷式等官员等。可见《坤舆全图》为各界人士所熟悉。

综上，《坤舆全图》《坤舆图说》被清代官员、知识分子所熟悉，其内容被不同种类的著作所引用。这些文献在近 3 个世纪中，不断传播着地球为圆形，世界由五大洲、四大洋组成，中国只是亚细亚州一部分等近代地理知识，冲击着中国人传统的地理观念。

5.3 绘制特点突出，广为借鉴

中国古代中西方地图绘制传统不同，中国采用计里画方的绘图方法，而欧洲则采用经纬理法的绘图方法，中西绘图各有成就。14—17 世纪，随着欧洲文艺复兴和大航海时代的开启，世界发生了巨大变化。欧洲人通过海洋探索，发现了美洲、南极洲，了解了地球的海陆分布以及各国地理情况，西方地理知识迅速丰富，地图绘制技术快速发展，逐渐成熟。16 世纪，为传播天主教，欧洲传教士纷纷来到东方，来到中国。明朝末年经纬理法的地图绘制技术开始传入中国。南怀仁《坤舆全图》先进的绘图技术和以中国为中心独特的绘图设计，吸引康熙皇帝以及文人士大夫学习和借鉴，进一步推动了中国人采用西方绘图方法来绘制地图。自康熙朝到宣统朝，清政府及私人刊刻的很多中国地图和世界地图纷纷采用经纬理法和实测技术进行绘制。以通过北京的经线作为本初子午线，以中国为世界地理中心，成为这些地图最突出的特点。

康熙四十七年（1708）至五十七年（1718），康熙皇帝亲自主持，西方传教士与清朝官员合作，采用实测技术对清朝全境进行测量，包括关内 15 省和满、蒙、藏、疆及朝鲜各地，测得经纬点 600 多个，最后用经纬理法和桑逊投影法绘制成《皇舆全览图》。该图采用斜交经纬网，以通过北京的经线为本初子午线，北京以东为东经，以西为西经[28]。《皇舆全览图》很快传到欧洲，大大促进了西方地理学界对中国地理的认知，在世界测绘史和地图史上产生了重要影响。

之后，雍正年间，《雍正十排皇舆全图》在《皇舆全览图》的基础上补充修订而成。乾隆年间，在康熙朝和雍正朝所绘中国舆图的基础上，由乾隆皇帝主持、清朝官员领衔、中外测绘人员合作，于乾隆二十年（1755）至二十七年（1762）完成了大型实测疆域政区总图，即《乾隆内府舆图》。清道光十二年（1832），由董方立、李兆洛绘制完成的清代大型疆域政区地图《皇朝一统舆地全图》；咸丰六年（1856）胡锡燕编制刻印的《皇清地理图》、同治二年（1863）胡林翼、严树森编订的《皇朝中外一统舆图》、同治三年（1864）湖北官书局编制的《皇朝直省府厅州县全图》、光绪年间杨守敬编的《历代舆地图》以及道光二十五年（1845）叶子佩个人绘制的世界地图《万国大地全图》，都以通过北京的经线作为本初子午线。

综上，《坤舆全图》在中国广为流传，给明清之际的中国带来崭新的地理学知识，即使今天中国出版的世界地图仍有这幅地图的痕迹，在中国地图发展史上占有重要的地位，成为中国近代地图学的重要标志。此外，该图很快传到周边同属于汉文化圈的朝鲜、日本。

南怀仁《坤舆全图》在中国的传播属于跨文化的传播，为取得好的传播效果，南怀仁采取"适应策略"，在内容译介、构图设计、纹饰、阅读习惯，尤其中国在整幅地图中的位置等适应中国人的文化心理，融入中国文化，在清朝的知识分子当中传播较广，但由于客观历史条件的影响，其受众也有一定的局限性。

传播者进行传播，是为了取得某种预期效果，因此，传播效果是传播过程最令人关注的问题。所谓的传播效果指传播者发出的信息经媒介传至受众而引起受众思想观念、行为方式的变化[29]。"传播效果依据其发生的逻辑顺序或表现阶段可分为三个层面：认知层面的效果、心理和态度层面的效果及行动层面的效果。所谓认知层面的效果指作用于人们的知觉和记忆系统，引起人们知识量的增加和知识构成的变化；与之相对应的，作用于人们的观念和价值体系而引起情绪或感情的变化，则属于心理和态度层面上的效果；前述变化通过人们的言行表现出来，即是行动层面的效果。"[30]《坤舆全图》不但将当时西方先进的天文地理知识传播到中国，促进中国人学习新的地图绘制技术，引起中国人知识量的增加和知识构成的变化，而且以"地圆说"冲击中国传统的"天圆地方说"；以"世界地理中心"冲击"中国中心说"；以"五洲说"冲击中国的"九州说"；以"万国观"冲击中国的"天下观"，引起中国人思想观念的变化。这种变化在当时的中国地理学界以及整个知识界、社会文化中都产生强烈的冲击。《坤舆全图》在中国传播较广，影响较大，但由于清朝文化教育主要以中华传统儒家思想为主，重视经史义理，以科举为目的，地理知识等自然科学的学习受到了一定限制，尤其是大多数普通百姓文化水平较低，这也在一定程度上影响了《坤舆全图》在中国的传播。尽管如此，南怀仁为使该图传播所采取的策略、方式方法对当今不同文化的交流仍有一定的借鉴意义。

参考文献：

[1] 崔广社,荣国庆. 南怀仁《坤舆全图》的文献价值[J]. 河北大学学报(哲学社会科学版), 2006(5):104-108.

[2] 王省吾. 澳大利亚国家图书馆所藏彩绘本——南怀仁《坤舆全图》[M]//历史地理:第14辑. 上海:上海人民出版社,1998:224.

[3][4][5][24] 邹振环.南怀仁《坤舆全图》及其绘制的美洲和大洋洲动物图文[J].国家航海,2016(2):143-163.

[6][16][21]南怀仁.坤舆全图[M].清康熙十三年(1674).

[7][22]张新新.地图上的话语、强权与政治[D].兰州:兰州大学,2013.

[8][9]南怀仁.坤舆图说[M].北京:国家图书馆出版社,2013:卷上1.

[10]南怀仁.坤舆图说[M].北京:国家图书馆出版社,2013:卷下19.

[11]南怀仁.坤舆图说[M].北京:国家图书馆出版社,2013:卷下37.

[12]南怀仁.坤舆图说[M].北京:国家图书馆出版社,2013:卷下35.

[13]南怀仁.坤舆图说[M].北京:国家图书馆出版社,2013:卷下9.

[14]梅晓娟,周晓光.利玛窦传播西学的文化适应策略——以《坤舆万国全图》为中心[J].
安徽师范大学学报(人文社会科学版),2007(6):716-721.

[15][30]刘俭云,祁媛,王昆.传播学导读[M].北京:中国社会科学出版社,2016:326.

[17][18]南怀仁.坤舆图说[M].北京:国家图书馆出版社,2013:卷下41.

[19]南怀仁.坤舆图说[M].北京:国家图书馆出版社,2013:卷下33.

[20]申凡,戚海龙.当代传播学[M].武汉:华中科技大学出版社,2004:260.

[23]邹振环.蒋友仁的《坤舆全图》与《地球图说》[J].北京行政学院学报,2017(1):111-
121.

[25]南怀仁.坤舆图说·坤舆外纪[M].上海:商务印书馆,1937.

[26]邹振环.《兽谱》中的外来"异国兽"[J].紫禁城,2015(10):142-149.

[27]马秀娟,张岚.西学东渐视域下南怀仁《坤舆全图》研究[J].河北大学学报(哲学社会科
学版),2018(6):78-84.

[28]席会东.中国古代地图文化史[M].北京:中国地图出版社,2013:92.

[29]胡正荣,段鹏,张磊.传播学总论[M].北京:清华大学出版社,2008:228.

方志艺文志编撰中的矛盾观探析[*]

刘旭青（河北大学管理学院） 赵晶晶（石家庄学院图书馆）

矛盾具有普遍性，任何事物的产生与发展均伴随着矛盾的产生与发展。矛盾具有特殊性，任何事物也均有自身的特殊性。方志艺文志是方志中的艺文门类，借此可以了解某一地区的文献、学术源流等情况，其产生和发展过程中呈现出明显的矛盾倾向。从其起源来讲，方志艺文志是仿正史艺文志而来。不同于正史艺文志受到目录学领域的极大重视，方志艺文志更多的是长期处于史学视野的局限之下，对其目录学本质属性的考察和理论建树的审视还远远不够。方志艺文志的编纂，经历代学人传承整理，积累了大量成果。方志艺文志的核心价值体现在地方文脉的传承，旨在记"一方文物之盛"[1]。北齐、北周间产生了我国方志最早著录地方著述的《关中风俗传》，并为后世方志所宗承①，其中的《坟籍志》是地方文献书目的开端。历经宋、元、明时代的发展，清代方志艺文志达到繁荣发展时期，佳志涌现、名家辈出。民国时期新旧方志并行，1949年以来新方志体系逐

---

* 本文系2023年度河北省社会科学基金项目"数字人文视域下的方志目录学研究"（项目批准号：HB23TQ008）的研究成果之一。

① 余嘉锡先生对此有评价："时有宋孝王者，撰《朝士别录》，后改为《关东风俗传》，专记北齐时邺下之事，中有《坟籍志》。后来郡县方志多志艺文，盖仿于此。其所列书名，唯取当时撰著，刘知几亟称之，遂为《千顷堂书目》及《明史·艺文志》所取法焉。此虽私家一隅之作，又非目录专书，而其有关著作源流，亦不细矣。"见：余嘉锡.目录学发微[M].长沙：岳麓书社，2010：102.

步建立起来，并且修志工作仍在不断进行中。基于此，从理论视角探讨方志艺文志发展中的矛盾与冲突，可以为新时代方志艺文志编撰提供一定的方法论借鉴。

1　方志艺文志的名与实

方志艺文志作为方志的一个门类，直接受到方志书写方式的影响。方志的内容一般按照事物的属性划分，横排门类，纵写史实。传统的排列方式往往是"先天地，后人事"，因此多将艺文志置于方志的末尾①。正史与方志的关系紧密，内容上有一定区别。二者有"史论志记""史远志近"等论述，史书详古略今，而方志则详今略古。"史书"与"志书"在著录范围上亦有不同，正如胡应麟所言："盖《史》或会萃一代，《志》但纪录一时。"[2] 史书一般偏重论，重在立论；志书则偏重记，以记事为主。然而这也并非通例，刘知几以为叙事是史书之美的前提②。《元史》据事直书，没有论赞，但也可以"善恶自见"③，便是叙而不论的明证。史述过去，志记现状，"隔代修史，断代修志"是一种惯例。然而"史远志近"也并非通则[3]。通史、断代史及方志关系紧密④，彼此间通断相续、上下纵横，构成一幅史学时空的拼图。章学诚道："史体纵看，志体横看。"相较于史体

---

① 民国《青城县志》中有对艺文排位的论述，同时也代表方志对艺文志排序的一般看法。凡例中说："目录次序本天地人物之义，审其次第而分别置之……艺文则统天地人物而光辉万世者也，故以艺文终焉。"见：杨启东，赵梓湘.青城县志[M].台北：成文出版社，1968：凡例1.

② 刘知几《史通·叙事》篇称："夫史之称美者，以叙事为先。"见：[唐]刘知几.史通[M].上海：上海古籍出版社，2015：153.

③ 《纂修元史凡例》中说："今修《元史》不作论赞，但据事直书，具文见意，使其善恶自见。"见：[明]宋濂，等.元史[M].北京：中华书局，1997：4676.

④ 章学诚曾以方志为国史要删，李泰棻颇认同此言，并有言"有通史以会其通，有断代以析其代，更有方志以别其方，然后上下纵横，始能靡考无遗"。借由方志、通志还可以"由局部以窥其全，因会通而究其变"。见：李泰棻.论方志之功用[M]//张舜徽.文献学论著辑要.武汉：中国历史文献研究会，1981：133-134.

113

从纵向连续性的时间维度反映历史，志体则更偏重从地理横向的维度表现一地历史与现状。

方志艺文志取法史志目录，用其实而变其名。方志艺文志作为"志"体的一部分，属于将正史艺文志嫁接于方志。方志中列人物、艺文志等内容，"其体皆始于史"[4]。方志体裁一般"分图、志、表、传四篇"[5]才算完备。"目录学之关系与方志，其功如是之钜，其效如是之闳，岂可忽哉"[6]。李懋仁将"立言者缀其文"作为"志有五善"之一。"志虽史之一体，而体裁实与史异。史纪帝王，故首本纪；志纪方舆，故首舆地，此不易之法也。"[7]方志中的《剡录》并没有称为艺文志或经籍志，是后世方志套录正史之名而形成的。方志艺文志与正史艺文志在收录内容上往往会有所不同。正史艺文志仅列书目、无序释是相沿既久的俗例。然而方志由于"少著述可录，多代以诗文"[8]。有些收录地方书目，与纪传体史书艺文志相同，有些则集录文学作品；有的单设艺文书目，有的直接附以文学作品。关于艺文志是否收录诗文，这是方志艺文志中争论较为明显的地方。

方志艺文志的定名更多是受正史艺文志等其他史志目录定名的影响。据刘知几《史通·史志篇》记载，北朝齐周间宋孝王所著《关东风俗传》中的《坟籍志》，是其开篇之作。"其名不同，其书一也"[9]，皆为"艺文"之质。方志艺文志的称呼则更加多元化，最早在《关东风俗传》中称"坟籍志"，其后艺文志、经籍志的称呼仍占主流，也有艺文略、文艺考、艺文篇、艺文部、文籍志、典籍志、文章志等多种形式①，章学诚的"四体"理论就认为"典籍法

---

① 此外，马春晖在《中国传统方志艺文志研究》中总结了其他称呼的史志目录类型，例如，"有称诗话者，如南宋《新安志》；有称文籍志者，如康熙《费县志》；有称集古者，如元《延祐四明志》；有称经籍者，如嘉庆《洛阳县志》；有称文艺者，如民国《岐山县志》；有称书籍者，如明《仁和县志》；有称诗文者，如明《交阯总志》；有称文章志者，如明《毗陵志》；有称文略者，如明《滇略》；有称志贡者，如明《雍大志》；还有汇为一篇实艺文志而不称者，如嘉靖颜木纂《随志》"。见：马春晖.中国传统方志艺文志研究[M].北京：国家图书馆出版社，2015：5.

制宜作考"①。个别还有称书目、典籍、书籍、文籍、著作、著述、文翰、词翰等[10]。方志中的通志、府志、县志也多设有艺文一栏，如姚名达所说，或"抄诗文入艺文"，或"列目录为经籍"[11]。《隋志》缀辑艺文，改为"经籍志"，清人金门诏认为经籍之名相较于艺文，则"弥称体要"[12]。有些学者认为方志中当"改称著述或书籍志为宜"。囿于正史中"艺文志"相沿已久，也不必纠俗立异。在方志艺文志的发展中，其实已从概念的结构上对二者做出了区分。地方文献目录往往以"经籍志"载录书目，而以"艺文志"收录诗文。

2　方志艺文志的繁与简

方志艺文志的载录有略有详，有尚繁与尚简两大类型。对于方志繁、简的争论历来不休，主"繁"者多从方志的实用价值出发②，主"简"者多从志书的体例出发③，两派主张各有利弊。从方志的延续性看，若前志简略则后修者矫之以详，若前志详明则后修者矫之以简[13]。"广泛但不芜滥，详备

---

① 对于修志，章学诚提出修志"二便""三长""五难""八忌""四体""四要"等理论体系。例如，"修志有二便：地近则易核，时近则迹真。有三长：识足以断凡例，明足以决去取，公足以绝请托。有五难：清晰天度难，考衷古界难，调剂众识难，广征藏书难，预杜是非难。有八忌：忌条理混杂，忌详略失体，忌偏尚文辞，忌妆点名胜，忌擅翻旧案，忌浮记功绩，忌泥古不变，忌贪载传奇。有四体：皇恩庆典宜作纪，官师科甲宜作谱，典籍法制宜作考，名宦人物宜作传。有四要：要简，要严，要核，要雅"。见：[清]章学诚.论方志[G]//张舜徽.文献学论著辑要.西安：陕西人民出版社，1985：132.

② 例如，陆垹在《常德府志·序》中指出："事贵详，详则后有考焉。贵实，实则事可信焉。"见：[明]陈洪谟.[嘉靖]常德府志[M].上海：上海古籍书店，1964：8.傅振伦于《新河县志·自序》中指出："盖方志为国史资料所自出，凡所论固当以详尽为上也。"见：傅振伦.新河县志[M].台北：成文出版社，1968：9-12.

③ 寿鹏飞于《方志本义管窥》一文中称："方志记载，不贵应有之尽有，而贵应无之尽无。"见：寿鹏飞.方志本义管窥[G]//地方史志研究组.中国地方志论集：1950—1983.长春：吉林省图书馆学会，1983：31-47.胡应麟于《少室山房笔丛》"乙部史书占毕一"中提出："繁之得者，遇简之得者，则简胜。"见：[明]胡应麟.少室山房笔丛[M].上海：上海书店出版社，2009：127-136.

但不烦琐"是方志艺文志编纂的理想追求，"详今略古、详近略远"是方志编撰的一般特点和趋势[14]。方志繁简不一，总体趋势是由简至繁。方志收录诗文，是明代以来方志艺文志的一大特点。这样也带来了诸多弊端，一方面诗文的滥收带来方志体量的无限扩大，另一方面，所收录的诗文虽是本籍之人所作，而其内容却往往与本地无甚相关。这些都导致方志编撰目的的本末倒置，形成方志"芜杂"的通患。梁启超也在其《中国近三百年学术史》中提出"方志之通患在芜杂"的观点①。

　　方志艺文志是否著录提要，志家有着不同的见解。不同于正史艺文志纪一代之书，体量浩繁，方志艺文志毕竟只收录一方的图书，数量远远"不比全史"[15]。道光《贵阳府志·艺文志》指明了艺文的内容为兼"述解题、录序跋"，"略存其梗概"②。此观点也是方志艺文志编纂的一般做法。章学诚重视方志艺文志中的解题，认为它不同于正史只撰大小序而删去提要。因此，方志艺文志著录不仅要著录图书的卷帙，还应仿照解题目录"增附跋题"[16]。方志艺文志中亦有采用辑录体收录原书序跋，例如，明代曹学佺《蜀中著作记》、祁承爜《两浙古今著作考》等，清代孙诒让《温州经籍志》、项元勋《台州经籍志》、胡宗楙《金华经籍志》、管庭芬《海昌艺文志》、吴庆焘《襄阳艺文略》、李敏修《中州艺文录》等[17]。李敏修《中州艺文录》更是"将叙录体、传录体、辑录体提要熔于一炉"[18]。

　　方志艺文志的单书别行较为常见，其中不乏名志中的艺文志[19]。此现象最早出现在明代，祁承爜四十六卷本的《两浙古今著作考》最早将地方著述

----

① 梁启超认为："方志之通患在芜杂。明中叶以后有起而矫之者，则如康海之《武功县志》仅三卷，二万余言，韩邦靖之《朝邑县志》仅二卷，五千七百余言，自诩为简古，而不学之文士如王渔洋、宋牧仲辈震而异之，比诸马班，耳食之徒，相率奉为修志模楷，即《四库提要》亦亟称之。"见：梁启超．中国近三百年学术史[M]．长沙：岳麓书社，2010：313.

② 道光《贵阳府志·艺文志》序中指出："乃若方志者，所以纪一方之文献者也，既有人物之篇以纪献自宜，有纪文者，则仿五成，述艺文，洵不可缺矣。稽古近之述艺文者，或述解题，或录序跋，今兼做之则以遐方之载籍少有流传，略存其梗概焉。"见：谭德兴．近代贵州的儒学与文化[M]．贵阳：贵州大学出版社，2009：77-78.

目录从方志中折柳，此后，万历年间，曹学佺的《蜀中著作记》亦效法此志，也是现存最早的独立的方志艺文志书目。乾嘉之后此风日涨，成为方志艺文志的一大特色和发展趋势。例如，《湖录·经籍考》出自康熙年间所修《湖录》，"内容丰富，体例精善"[20]。《海昌艺文志》属于《海宁州志》中一志，《杭州艺文志》《常熟艺文志》则分别出自《杭州府志》《常熟县志》。彭润章、叶廉锷《平湖经籍志》即为《平湖县志》卷二十三的单行本。乔履信《陕西经籍志》二卷，为清雍正十三年（1735）《陕西通志》的抽印本[21]。方志艺文志单书别行的原因有多种：明清以来，地方志的修志人员逐步认识到艺文志的学术价值，许多艺文志从原书中脱离而单独流传；出于对已修志书的不满，重新编撰艺文志；出于艺文志庞大体量的考虑，将其部分内容与功能独立。

3　方志艺文志的主观与客观

崇尚直笔，据事直书，是史家的优良传统。文学与历史"较然异辙"，如实记载历史同样是方志艺文志的一大著录原则。刘知几主张史书文质相宜，而应以质为主，"信史务在记实"[22]。宋代杨潜《云间志》强调志书当有依据，"有疑则阙，有讹则辨"[23]。至元代，视方志为信史的"传信之书"。《乐清县志·序》中明言取材的界限，宁严毋滥，排除"无益之作"①。明、清两代方志文风延续了谨严真实的传统，例如，邢址提出"定体核实，据事直书"[24]的主张，董朱英在《乾隆毕节县志·凡例》中申明"志在传信，文笔次之"的主张[25]。清代，对方志的文风、文辞论述最明确的当数章学诚。他从"志乃史裁""志属信史"的角度出发，强调方志应守"史家法度"，讲求方志的实用性，"非示观美"[26]。同时，为了实现方志"有裨风教"的

---

① 元人冯福京在《乐清县志》序中指出："事不关于风教，物不系于钱谷，诗不发于性情，文不根于义理，皆一切不取。"见：[元]冯福京.乐清县志序[M]//[清]刘荣玠，等.乐清县志.清道光六年刻本，1821.

史学功能，不可专事浮文，忌单纯的偏尚文辞，而应"据事直书"[27]。到民国时期，仍有不少修志者继续倡导据事直书，反对片面驰骋文藻[28]。

当代著述是方志艺文志的收录内容之一，修志者难免"任情附会，轻摇笔端"[29]。方志应不虚不隐，"必公是非"①。然而在实际的褒贬工作中，史书重视善恶直书，方志则多是只褒不贬②。方志艺文志收录中存在"扬美隐恶"的无奈之举。首先，若一地著述足以撑起一篇艺文志，则著录一方著述自然可观。但若一方著述寥寥，修志之人就难免以诗文充数。这也正是史志目录学中的一大矛盾，正史艺文志面临的多是收书不全，方志艺文志往往因一地著述不足而滥载诗文。其次，方志艺文志的收录往往以多为贵，便容易名不副实，失于稽考[30]。孙诒让《温州经籍志》仿《文献通考经籍考》，全录序跋。每书下有"存、佚、阙、未见"等相应的标注，例仿《经义考》。此书严明类例，明确断限，区分郡邑志书中父子迁徙无常而收录混乱的问题③。

方志艺文志在资治、辅政、教化方面的作用承接自正史艺文志。方志无论大小，"系之于政，用之于政"，"皆道之所在"。方志艺文志只有向母体文化靠拢，才能在编撰导向和视野上获得价值的肯定[31]。战乱年代所编撰的方志艺文志，并不全是反映官方修志的需求，往往有着明显的自我意识和民族意识，修志者想通过撰志保存一地文化史料，凝结着浓厚的爱国主义民族精神。历代方志中多有用大篇幅选刊时人诗文的现象，这多是一种装饰、炫耀，

---

① 明代万历《广东通志》序中称："志者，郡国是非之权衡也。其所是者，必天下之公非，而不敢诳以为是；其所非者，必天下之公非，而不敢诬以为非。有似是而非者，则亦不得栀蜡而饰以为是也；有似非而是者，则不得罗织而诋以为非也。"见：[明]郭棐，王学曾，袁昌祚.广东通志[M].明万历二十七年影印本，1599：13.

② 例如，光绪《善化县志》凡例称："志与史殊，史昭法戒，故善恶直书；志称美而不称恶，铭之义也。然取舍一严，与史暗合矣。"见：[清]吴兆熙，张先抡.[光绪]善化县志[M].长沙：岳麓书社，2010：10.

③ 《温州经籍志》叙例中指出："郡邑之人，迁徙无常，父子之间，籍贯顿异。如不有界域，则一卷之中，人殊燕越，体例芜杂，不足取信。此编所收文籍，区别特严。大抵自内出者录父而删子。以父尚温产，子则异籍也。自外入者录子而阙父。以子既土著，父犹寓公也。"见：[清]孙诒让.温州经籍志[M].北京：中华书局，2011：叙例 4.

或称修志领域的一种浮夸风，远离了"存史""资治""教化"的修志目的[32]。

4 方志艺文志的类书与类人

方志艺文志的著录体裁分为"以人类书"和"以书类人"两种。方志艺文志或按人编次，并辅以时代先后著录，或按书编次，在四部分类的基础上按撰人生卒排序。选择按人编次，多是当地著述体量不足，或草率行事；只有著述较多的人文繁盛之地的方志，才值得按内容分类编次，或辅以解题等。较为普遍的做法是，在历史文化底蕴和著作突出的地域修志，可采用"以人类书"的著录方式，按类编排。若是一地著述不多，偏以图书主题而做分类，难免产生缺门这一现象，或不同分类畸轻畸重的不平衡。以人类书难度相对较大，古来书目编撰必求原书，编撰者应在亲自见书、阅书的基础上确定其性质和类别，这就对编撰者是否能够求实、编撰者的学术文化水平提出了更高的要求。正史艺文志往往以书作为编目的主体，方志艺文志则一般是以人作为著录的主体，二者基本上都发展成为各自领域的通例。方志艺文志源于正史艺文志，因此以人为主体可以称为以书为主体的变例。

方志中记述人物，进而记述人物著作，这是方志艺文志收录著述的直接动因。方志艺文志统一于史志目录学性质的解题方式，"以书系人""以人系书"两种取隶方式同样适用于地方文献书目。方志的编纂中，人物传多采用"以人系事"的原则，而专业分志则多是"以事系人"[33]。"列传"与"艺文志"往往互补。列传中若已载录著述，"艺文志"或有不收录。所以，方志人物列传中兼及著述属于情理之中。现存方志中，明清方志数量最多，一般均设艺文志[34]。此例在《八旗通志·艺文志》也得到了较好的继承运用，若撰人已入《人物志》，则著名此条见《人物志》，若《人物志》未载此人，则在《艺文志》部分详述其仕履。方志艺文志亦有此例，例如，《天津县新志艺文》"所谓'有传'，是指在《人物志》中有传"[35]。这样就做到了史、志互参，"因书以存其人"[36]。清杭世骏《两浙经籍志序》中指出经籍志的

119

设立，旨在"补列传阙漏"，班固没有为冯商立传，而将其著作记录在艺文部分[37]。

对于方志艺文志收录作品的作者，一般沿用史家通例，适用"生不立传"的原则，取史家盖棺定论之义，并且，不收录时人作品，是史志目录的一大特点，以避免请托及人情世故。"生人不入志"可算是方志纂修的一大优良传统。以方志艺文志的传统来看，艺文志中不载今人著述可避免时人请托带来的修志弊病。章学诚在《修志十议》中明确提出现有之人的著作"例不入志"①。此提法肯定是为了明确艺文志断限及材料的收录原则问题，但在某些地区也出现未能适用的情况，"生人不入志"的原则也被李泰棻举数例以驳斥[38]。从典籍的保存角度看，"生人入志"也可避免一方文献资料散佚，为当时世人树立教育典范，并且编撰方志有着"地近易核、时近迹真"的便利条件，因此及时、尽量多地著录当代书籍也在很大程度上避免了一代文献的缺失[39]。

5 方志艺文志的著述与诗文

正史艺文志仅收录典籍，这是一个不争的事实。方志艺文志与正史艺文志相比，往往更加灵活多变，取材多元，同时蕴含的史料也更为详尽。方志中常设的艺文、金石、古迹等篇在保存一地文化艺术资料方面，有着正史及诗文集不可比拟的优势。自古列国都设有史官，以纪国事。往往"不以史名书，而以志名史"[40]。以唐代诗歌总集《全唐诗》为例，有大量不曾收入的作品在方志中可以找到。从方志的发展实际看，到明代方志中诗文的体量大大增加，导致艺文志卷帙繁芜庞杂。修志者不载书目而载诗文

---

① 章学诚《修志十议》中指出："但艺文入志，例取盖棺论定，现存之人，虽有著作，例不入志，此系御纂续考馆成法，不同近日志乘，撮拾诗文，可取一时题咏，广登尺幅者也"。见：[清]章学诚.修志十议：附自跋[C]//山东省地方史志编纂委员会办公室.章实斋方志论文集.济南：山东省地方史志编纂委员会，1983：47-54.

的现象主要是志家没有认识到方志也是史体这一性质问题，从而偏离史法，这已从方法和收录原则上改变了正史艺文志的常规体制。王欣夫曾提出为便于认识起见，将收录图书的称为"经籍"，而将收录诗文的称为"艺文"，虽然并不符合《汉志》的最初含义，"似也不妨因时变通"[41]。

"诗文入志"的问题给修志者带来诸多矛盾。方志艺文志载录诗文有一个客观的实际，即一地方志若仅录书目，艺文志未免单薄，甚至在某些方志中无书可载，只能放弃此篇。章学诚的方志理论来源于其丰富的方志实践，坚持史学纪、传、表、志的正统，尊史旧章。同时根据方志编纂实际，为使方志更有条贯，敢于"删取名物器数"，以防喧宾夺主，实现其"与史相辅而不相侵"[42]。章学诚曾在多处指出方志艺文志应当载书目而非选诗文①，诗文不可与"史裁"相混②。他批评方志艺文志中以各类诗文充数③，明确提出方志艺文志编修应继承《七略》等目录的旨意，对"是邦学士著撰书籍"而不是诗文"分其部汇首标目录"④。针对明清以来方志滥录诗文的弊

---

① 章学诚《论方志》有明确表述，"知方志为国史取裁，则人物当详于史传，而不可节录大略；艺文当详载书目，而不可类选诗文也。"见：[清]章学诚.论方志[G]//张舜徽.文献学论著辑要.西安：陕西人民出版社，1985：130.

② 章学诚在《天门县艺文志》序中说："史体尚谨严，选事贵博采，以此诗文拦入志乘，已觉繁多，而以选例推之，然则又方嫌其少，然则二者自宜各成书，交相稗佐明矣"。在《永清文征》叙例中指出："近人修志，艺文不载书目，滥入诗文杂体，其失固不待言，亦缘撰述之时，先已不辨为一国史裁，其猥陋杂书，无所不有，亦何足怪。今兹稍为厘正，别具文征。"转引自：刘纪泽.目录学概论[M].台北：台湾中华书局，1979：97-90.

③ 章学诚在《天门县志艺文考》序中指出："近志艺文，一变古法，类萃诗文，而不载书目。"见：[清]章学诚.天门县志艺文考序[M]//[清]章学诚.文史通义校注.叶瑛，校注.北京：中华书局，1985：853.

④ 章学诚在《答甄秀才论修志第一书》中说："今世志艺文者，多取长吏及邑绅所为诗赋、记、序、杂文，依类相附；甚而风云月露之无关惩创，生祠碑颂之全无实证，亦厝人焉。此姑无论是非，即使文俱典则，诗必雅驯，而铨次类录，诸体务臻，此亦选文之例，非复志乘之体。夫即志艺文，当做《三通》《七略》之意，取是邦学士著撰书籍，分其部汇首标目录，次序颠末，删芜撷秀，撮取大旨，论其得失，此类咸编，乃使后人得所考据，或可为馆阁校雠取材，斯不失为志乘体尔。"见：[清]章学诚.答甄秀才论修志第一书[M]//[清]章学诚.文史通义校注.叶瑛，校注.北京：中华书局，1985：819.

病，康熙《萍乡县志》中明确将"无关风土、政治、文行"的诗文移除修志范围，明言"志有义例，知罪听之"。因方志中常有收录文章的情况，难免带有"浮文"之风，"以虚誉为事"[43]。"自以为功，实深乖史体。"[44] 至于方志艺文志的体例，章学诚建议仿"班志刘略""三通七略之意"[45]。他认为可别撰"文征"，是解决此矛盾一种可行的办法，可惜后世修志者多墨守成规，此法运用甚少[46]。他所创立的"三书体"是一种完备的方志体例，包含了"志、掌故、文征"，其中"志"作为主体部分，取法于"史裁"，"仿纪传正史之体而作志"[47]。

方志艺文志收录金石目录是与正史艺文志的一大区别。对于方志艺文志中金石、碑刻的价值及收录，朱彝尊在《至元嘉禾志跋》中对此有所肯定①。史志目录收录金石并非古制，诸正史艺文志均未给金石单独立类，一文说明并无形成专门的金石收录意识。直至郑樵撰《通志》，强调了金石的作用，分别撰有"艺文""金石"二略，"然亦析而二之，非合而一之"。方志设艺文志一篇，往往卷上为艺文，卷下收录金石，此种体例并未标明金石的收录，难免将金石与艺文等同，并不合艺文志体例。民国时期《胶澳志》设"艺文志"，其下二级目录分别为书目、文存、金石[48]，这是一种较为完善的方志艺文志。

6　方志艺文志的历史派与地理派

在清代方志学繁荣背景下形成历史学派和地理学派，均是从时代需求的现实出发而衍生出的不同撰志倾向。两派各有所长，虽有不同，但对方志艺文志补史的作用具有较高的认同感，在方志艺文志的撰志态度及内容

---

① 朱彝尊在《至元嘉禾志》跋中指出："所采碑碣、题咏，居全书之半。旧章籍以考证，足快于人心。"见：[清]朱彝尊.至元嘉禾志跋[M]//[元]单庆，徐硕.至元嘉禾志.上海：上海古籍出版社，2010：391.

取舍等方面各有侧重。以戴震为首的地理学派更加注重地理的考据沿革，志书内容侧重于疆域、山川、建制和物产等的自然现象，有着精审的论据及朴实的文风，能够于方志艺文志的内容考证源流。以章学诚为代表的历史学派严守志体，视方志为史书，重文献而轻沿革，更强调史料的保存^①，不断完善着方志艺文志的理论体系。固守考据派的王棻、孙仲容等虽然对章学诚的修志理论多有批评，欲打破志乃史体的成说，但在编撰方志艺文志以记一地文献书目方面却与章学诚的坚持相合^②。乾嘉以后的方志艺文志编撰兼取二家所长，兼容并蓄的撰志风格也成为志书发展的总体趋势^[49]。单就对方志艺文志的处理上，历史学派占有更大的优势，也得到众多撰志者的肯定与响应^③。"史笔修志"必然要求史志目录学遵从"史家法度"^④，适应历史学派理论的扬弃。因此，在实际的撰志工作中，各家往往彼此折衷，各取所长，兼有地理沿革及文献收录。

在正史艺文志的影响下，方志艺文志走向了经世致用。尤其是戴震、章学诚之后的方志艺文志编撰，在渊博深厚的方志大家的理论指导下，各志

---

① 如章学诚所言："夫一代文献，史不尽详；全恃大部总选，得载诸部文字于律令之外，参互考校，可补二十一史之不逮。"见：[清]章学诚.与甄秀才论文选义例书：二[M]//[清]章学诚.文史通义校注.叶瑛，注.北京：中华书局，1985：837.

② 例如，王棻在《光绪太平续志》序中论述了修志的意义，说道："邑志之作，以文献为最重，而献之足征，惟恃乎文，故艺文之志，甄录宜加详焉。"见：[清]王棻.光绪太平续志序[M]//[清]王棻.柔桥文钞：卷九.上海：上海古籍出版社，2019：473.

③ 例如，马衡于民国《重修大足县志》序中支持章学诚的观点："昔章实斋与戴东原论方志体裁，实斋主守重文献而轻沿革，良以一地之文献往往寓于文献之中，故金石、艺文为修志者所必采也。"见：郭鸿厚，陈习删，等.民国重修大足县志[M]//中国地方志集成编委会.中国地方志集成：重庆府县志辑：第八册.成都：巴蜀书社，2017：5.李少微于《重修蓟县县志序》中说："县志者，一县之史，政教纪焉，人物附焉，食货丽焉，艺文存焉，上足备国史之要删，下可征一邑之文献，其用也宏，修志之法，会稽章实斋尝言之，其要者，则勿以为地理书而侈叙沿革，勿以为政书而掫列典制。盖方志者，乙部之附庸，采访欲周，诠次必谨，而资料期于丰美，其旨也约。"见：仇锡廷，等.河北省蓟县志[M].台北：成文出版社，1969：1-2.

④ 章学诚提出志书应遵从"史家法度"这一标准，他说："志为史裁，全书自有体例。志中文字，俱关史法，则全书之命辞措字，亦必有规矩准绳，不可忽也。"见：[清]章学诚.与石首王明府论志例[M]//[清]章学诚.文史通义校注.叶瑛，校注.北京：中华书局，1985：861.

家以致用为原则，结合较为成熟的志书编纂实践，形成了别具特色的方志艺文志成果。以章学诚一派为例，方志艺文志普遍较为关注自身的目录学本性，并充分实现地方文脉传承的目的。这背后不仅有着成熟理论的结合，更有着地方文化史的考察、艺文品格及理论价值的把握。章学诚在方志艺文志方面的篇章主要有《天门县志艺文考序》《和州志艺文书辑略》《和州志艺文书序例》等，其编撰基本仿正史艺文志体例①。他的方志艺文志理论与其有关正史艺文志"辨章学术，考镜源流"的思想相一致，下备私家著作，上供国史取材。梁启超曾说中国方志学的成立始于章学诚②。章学诚之前的方志艺文志撰修并无专门论述，大多只言片语、不成系统。章学诚以其影响力，晚清及民国时期诸府、厅、州、县等志书中的艺文志成为不可或缺的一部分。虽然其后有众多反对的声音，但章学诚的方志艺文志理论和实践首开风气之先，筚路蓝缕之功不可磨灭。

方志艺文志编撰中的矛盾与冲突始终伴随其整个发展过程。而面对此种矛盾，编撰人员也不断地探索解决此种矛盾的办法。例如，面对诗文与书目间收录的冲突，方志艺文志在收录内容与编次方法上采取了折衷之法。章学诚效仿《文选》《文苑》的体式作"文征"，"折衷文质"③。将"文征"

---

① 章学诚在《和州志艺文书》序例中指出此志的编纂体例"一仿班《志》、刘《略》，标分部汇，删芜撷秀，跋其端委，自勤一考"。见：[清]章学诚.和州志艺文书序例[M]//[清]章学诚.校雠通义通解.王重民，通解.上海：上海世纪出版社，2009：134-142.

② 梁启超于《中国近三百年学术史》中谈到章学诚在中国方志学发展中的作用，说："能认识方志之真价值，说明其真意义者，则莫如章实斋"，中国"方志学之成立，实自实斋始也"。见：梁启超.中国近三百年学术史[M].长沙：岳麓书社，2010：314.

③ 章学诚在《麻城县志·文征》序例中说："诗文杂著，闻见旁出，志家往往列于艺文，既不免于猥滥；而矫枉过正，削而去之，则又黯然失色。用是折衷文质，别为文征一书，与志相辅相成。"见：[清]章学诚.麻城县志·文征序例[C]//山东省地方史志编纂委员会办公室.章实斋方志论文集.济南：山东省地方史志编纂委员会，1983：309.

别自为书，同样分类编次，与方志相辅相成，附志以行①。考虑到史志在史书中篇幅的占比，亦是取一折衷的体量。刘咸炘赞同马端临兼收并列的赅博，但认为《经籍考》"未能贯串折衷"[50]。此外，为保证方志体量的均衡，艺文志"别为外编"也是一种折衷的方式②。方志艺文志从本志中独立，呈现出专门之势，这在某种程度上也是对方志体量均衡问题的一种折衷。方志艺文志与正史艺文志同样存在着史志目录个体与方志、正史整体之间的矛盾。方志艺文志若大量收录诗文，必会带来篇目的无限膨胀。因此，将地方著述作为专书而汇辑成册，便成了化解此矛盾的一种方式，并得到逐步的发展。可见，伴随着方志艺文志编撰中矛盾的出现，撰志者也不断地尝试合理的解决途径，这也成为方志艺文志发展的一大动力。

参考文献：

[1][47][清]章学诚.方志立三书议[M]//[清]章学诚.文史通义校注.叶瑛,校注.北京:中华书局,1985:571-586.

[2][明]胡应麟,陈晓兰.经籍会通:外四种[M].北京:北京燕山出版社,1999:12.

[3]梁耀武.方志学举要[M].昆明.云南人民出版社.1995:54-55.

[4][清]永瑢,等.四库全书总目[M].北京:中华书局,1965:596.

[5][清]李鸿章,黄彭年.畿辅通志:凡例[M].清光绪十年刻本,1884.

[6]刘纪泽.目录学概论[M].台北:台湾中华书局,1979:93.

---

① 章学诚《永清县志文征》序例中指明"文征"的收录与编撰，"取一时征集故事文章,择其有关永清而不能并收入志者,又自以类相从,别为奏议、征实、论说、诗赋,各为一卷,总四卷"。见:[清]章学诚.永清县志文征序例[M]//[清]章学诚.文史通义校注.叶瑛,校注.北京:中华书局,1985:788-800.此外,章学诚在《湖北通志·为毕制府拟进湖北三书》序中也谈到"文征"的分类与编次,如:"取传记、论说、诗赋、箴铭之属,别次甲乙丙丁,上下八集,以为文征"。见:[清]章学诚.为毕制府拟进湖北三书序[C]//山东省地方史志编纂委员会办公室.章实斋方志论文集.济南:山东省地方史志编纂委员会,1983:195-198.

② 刘咸炘对比"七略"与"四部"，从理论上总结了此种处理方式："七略义例所有,虽七略无其书,亦可治也。七略义例所无,强编四部之中,而四部以芜,七略以乱,此则不可治也。收之不可,弃之不能,惟有别为外编,使与四部并立。"见:刘咸炘.续校雠通义[M]//刘咸炘.部次流别　以道统学:刘咸炘目录学论集.北京:生活·读书·新知三联书店,2018:160.

[7] [清] 王棻, 李芳春. 新例 [M]// 仙居县地方志编纂委员会. 光绪仙居县志. 上海: 同济大学出版社, 1990: 14.

[8] 傅振伦. 傅振伦方志论著选 [M]. 杭州: 浙江人民出版社, 1992: 473.

[9] [清] 钱大昭. 补续汉书艺文志 [M]// 王承略, 刘心明. 二十五史艺文经籍志考补萃编: 第六卷. 北京: 清华大学出版社, 2012: 3.

[10] 仓修良. 新编志书艺文志不可少 [M]// 仓修良. 仓修良探方志. 上海: 华东师范大学出版社, 2005: 235-240.

[11] 姚名达. 中国目录学史 [M]. 长沙: 湖南大学出版社, 2014: 308.

[12] [清] 金门诏. 补三史艺文志 [M]// 王承略, 刘心明. 二十五史艺文经籍志考补萃编: 第二十二卷. 北京: 清华大学出版社, 2014: 79.

[13] 黄苇. 方志学 [M]. 上海: 复旦大学出版社, 1993: 356-357.

[14] 王复兴. 方志学基础 [M]. 济南: 山东大学出版社, 1987: 306-307.

[15] [16] [清] 章学诚. 湖北通志辨例 [C]// 山东省地方史志编纂委员会办公室. 章实斋方志论文集. 济南: 山东省地方史志编纂委员会, 1983: 241-266.

[17] 曹金发. 辑录体目录史论 [M]. 合肥: 黄山书社, 2012: 154-155.

[18] 李敏修. 中州艺文录校补 [M]. 申畅, 校补. 郑州: 中州古籍出版社, 1995: 序 1.

[19] 刘希汉, 赵云翠, 刘金凤. 新艺文志编纂刍议 [J]. 中国地方志, 1995 (5): 59-64.

[20] 王欣夫. 王欣夫说文献学 [M]. 上海: 上海古籍出版社, 2000: 64.

[21] 来新夏. 清代目录提要 [M]. 济南: 齐鲁书社, 1997: 308.

[22] [唐] 刘知几. 史通 [M]. 上海: 上海古籍出版社, 2015: 179-188.

[23] [宋] 杨潜. 云间志序 [M]// [宋] 杨潜, 朱端常. 云间志 [M]. 清光绪二十年刻本, 1894.

[24] [明] 邢址. 邵武府志后序 [M]// [明] 陈让. 邵武府志. 上海: 上海古籍出版社, 1964.

[25] 中共毕节市七星关区委党史研究室. 毕节县志: 乾隆同治光绪校注本 [M]. 北京: 方志出版社, 2017: 15.

[26] [清] 章学诚. 记与戴东原论修志 [M]// [清] 章学诚. 文史通义校注. 叶瑛, 校注. 北京: 中华书局, 1985: 870.

[27] [清] 章学诚. 修志十议: 附自跋 [A]// 山东省地方史志编纂委员会办公室. 章实斋方志论文集. 济南: 山东省地方史志编纂委员会, 1983: 47-54.

[28] 黄苇. 方志学 [M]. 上海: 复旦大学出版社, 1993: 326-327.

[29] [明]焦竑.澹园集:上[M].北京:中华书局,1999:20.

[30] 王欣夫.王欣夫说文献学[M].上海:上海古籍出版社,2000:65.

[31] 马春晖.方志艺文志与正史艺文志辨析[C].图书馆联盟建设与发展:北京高校网络图书馆,2012:419-424.

[32] 仓修良.新编志书艺文志不可少[M]//仓修良.仓修良探方志.上海:华东师范大学出版社,2006:235-240.

[33] 王复兴.方志学基础[M].济南:山东大学出版社,1987:319-320.

[34] 杜泽逊.地方经籍志汇编序[G]//贾贵荣,杜泽逊.地方经籍志汇编:第一册.北京:国家图书馆出版社,2008:1.

[35] 长泽规矩也.中国版本目录学书籍解题[M].北京:书目文献出版社,1990:34.

[36] 八旗通志艺文志序[G]//中华大典编纂委员会.中华大典·文献目录典·文献学分典·目录总部.桂林:广西师范大学出版社,2015:158.

[37] 来新夏.古典目录学[M].北京:中华书局,1991:89.

[38] 李泰棻.方志学[M].上海:商务印书馆,1935:71-73.

[39] 张勇.试论章学诚目录学思想在方志中的体现[J].广西地方志,2006(4):17-21.

[40] 付振伦.中国方志学通论[M].北京:北京燕山出版社,1988:自序1.

[41] 王欣夫.王欣夫说文献学[M].上海:上海古籍出版社,2000:62.

[42][43] [清]章学诚.答甄秀才论修志第二书[M].[清]章学诚.文史通义校注.叶瑛,校注.北京:中华书局,1985:825-836.

[44] 付振伦.中国方志学通论[M].北京:北京燕山出版社,1988:自序2.

[45] [清]章学诚答甄秀才论修志第一书[M]//[清]章学诚.文史通义校注.叶瑛,校注.北京:中华书局,1985:819.

[46] 刘纪泽.目录学概论[M].台北:台湾中华书局,1979:97-90.

[48] 袁荣.胶澳志[M]//成文出版社.中国方志丛书:华北地方第六十二号.台北:成文出版社,1968:16.

[49] 马春晖.试析戴、章学派之争下的方志艺文志走向[J].图书馆工作与研究,2013(8):85-89,98.

[50] 刘咸炘.刘咸炘论目录学[M].上海:上海科学技术文献出版社,2008:91.

书海撷珍

顾随致杨晦书十三通

赵林涛（河北大学管理学院）整理

整理者按： 在顾随的干部档案"主要社会关系"一栏，除了妻女，还有三位师友：沈尹默、冯至和杨晦，可见他们对于顾随的重要程度。沈尹默是顾随的恩师，冯至是其挚友，杨晦的有关资料相对较少。

1924 年夏，顾随邀冯至到济南、青岛一聚。冯至通过书信，不断向杨晦报告自己的行程和感触。8 月 23 日，便有了顾随与杨晦的第一通书信。今见顾随致杨晦书十三通，集中在 1924—1926 年间。1929—1953 年间，顾随一直在燕京大学、辅仁大学等校任教。杨晦在各地辗转多年之后，也于 1949 年北上落足北京大学。此前，1948 年 3 月，杨晦五十岁生日之际，顾随与朱自清等人联名写过一封贺信。1949 年 6 月，北京大学举行课程改革谈话会，顾随、杨晦同时在座。同年，顾随担任辅仁大学国文系主任，曾邀杨晦到校讲过文学理论。1957 年秋，杨晦到南开大学作报告，其间曾到天津师范学院过访顾随。目前可知的两人的交往记录大致如此。

这十三通书信由杨晦先生后人捐赠给国家图书馆，是难得的新文学史料。本文依据手稿整理，格式、标点尽依原函。整理发表之际，特向先生后人、国家图书馆古籍馆善本阅览室致以诚挚的谢意。

1924 年 8 月 23 日

月正圆时节，握手送君行。凄凉汽笛声里，一望海无青。剩我只身归去，只有空床闲座，相对共凄清。梦醒人何处？开眼电灯明。

风和雨，三日内，尽秋声。草际虫吟正苦，酝酿别离情。五十几天聚首，卅六小时分袂，此恨总难平——独立舜华下，凉露夜三更。

《水调歌头·怀君培》

三载光阴东逝水，问君事业何如？七长八短数茎须，更无真面目；负此好头颅！

犹记当时欢乐事：宵深月满平湖，白莲香嫩着花初——今宵残月在，梦到济南无？

《临江仙·怀历下》

得冯至自析①津来书，敬悉兄在济南近况，不胜怀念。

弟自冯至去后，益复无聊，饱食终日，无所用心。文既不能作，则填小词以自娱，上二首乃冯至去后所填。第一首不过尔尔，第二首则弟以为兄必有同感也。

在青岛居住，甚健康。然以健康之故，遂不能多发感慨，作无病呻吟之文字，亦颇苦人也。

冯至在青登车时，我曾语之曰："君去后，我便与慧修兄去信。两地寂处，同病相怜，正宜互相慰藉也。"不意迟迟至今，始了草作此函。兄接到后，无暇不必勉强复我：此实在算不得一封"信"耳。

即候　刻安

顾随敬白　廿三日

---

① 整理者注："析"，当为"析"字之误。

1924 年 12 月 7 日

慧修兄：

数月来遂无一书奉寄，谅之为感。

兄近况何似？读近出之《一师周刊》，知《伤痕》一篇呓语，以群龙吠影之故，与兄发生关系，甚为扼腕。

济南城里，是鬼的世界呵！

请兄勿以此而生气呵！

此间海山依然，惜自君培去后，弟之创作欲亦锐减。孤负此山灵海魔耳。小词数首录呈，博一哂。

此祝　炉安

弟顾随顿首　十二月七日

破阵子

寄内

飘荡满林落叶，凄凉镇日空斋。十月霜风吹正紧，一寸眉心展不开——寒衣谁与裁？

卖赋无憀事业，衔杯颓废情怀。早想云中传雁信，直到而今还自猜：雁儿来不来？

蝶恋花

前意

仆仆风尘何所有？遍体鳞伤，直把心伤透。衣上泪痕新叠旧，愁深酒浅年年瘦。

归去劳君为补救：一一伤痕，整理安排就；更要闲时舒玉手，熨平三缕眉心皱。

临江仙

无赖渐成颓废，衔杯且自从容。霜枫犹似日前红；争知林下叶，不恨夜来风？　　病酒重重新恨，布袍看看深冬。石阑干畔与谁同？——天边无伴月，海上一孤鸿！（末句系成语）

惜分飞

赞倭女肉美

（戏以新语入词，然尽是泥犁狱中人语也。）

如水屐声连碎步，一阵香飘马路。风举裙扬处，几分嫩白娇红肉。

闻说人鱼洋海住，知是甚时登陆。入海同伊去，纵情甘被天魔误！

1924 年 12 月 13 日

慧修兄：

手书敬悉种切。

寒假来青岛甚好。弟已与刘次箫君说妥：兄来时可即寓胶中。去市虽远，而去海甚近，且楼居清洁，诸多方便。惜弟年假返里，不能陪兄同游耳。

再兄如不嫌，可即寓弟室中，中西破败书尚有数百册，兄闲时，可供阅览也。

青岛日本女人颇多，尽可平视。劝商场小铺子中，布席搭板，辄有日妇披幔斗，梳高髻，踞坐拥一火钵，大似古时画图中人也。

寒假中胶中至多不过留一职员，三五听差。兄如来，决不至被扰，弟可担保。

夜深矣，吸纸烟过多，苦头晕，不多书，并无一小诗小词侑函，不罪，不罪！

此祝　炉安

弟顾随敬复　十三日夜

1925 年 4 月 23 日

慧修兄：

自到海上，遂无一书奉寄；前蒙问及（在兄致民言函中），亦并未答复，歉也何似！

弟今岁潦倒益甚，非复如前此之剑拔弩张。职是之故，每提笔欲有所作，亦意趣阑姗①，辄复搁笔。海上春归较晚，然日来山杏已花，玉兰大放，野草闲花，到处媚人，风光自尔匪恶。大约再有几日，樱花路上，便可灿若云锦矣。

民言以事晋省，定赴一师晤兄与还吾兄，当能代达一切。兄何时来游，祈示知以便到站欢迎。至盼，至盼！

小词数首，附呈即希哂正。

此布即候　近祺

弟顾随敬白　四.廿三日

钗头凤

登临废，雄心退，无聊不是愁滋味。山容秀，波纹皱，海阔天远，怎生消受？瘦，瘦，瘦！

疏林内，猧儿吠，隔邻倭女卸妆未？黄昏后，灯如豆，异乡情调，嫩寒时候；又，又，又！

鬲溪梅令
（答伯屏）

得书怎不忆从前？——绕湖边，是处小桃初放杏初残，锦城花事酣。

此乡徒自有青山。弄轻寒，不道春来海上太姗姗，可怜三月三！

---

① 整理者注："姗"，当为"珊"字之误。

贺新郎

（戏代樱花言愁）

海上春无主。看杨枝、匀黄未就，怎生飘絮？姹红嫣紫没消息，漫说美人迟暮。只镇日踏青闲步。细雨初晴、残照里，"见春风吹落枝头露"[1]，花未放，且归去！

花如解恨花应语："是何人，东瀛取种，移栽中土？故国华魂飞不到，一片异乡情绪——算尽在无人会处。"十里红霞迷望眼，更香车日日樱花路，谁晓得，寸心苦？

好事近

几日风如剪，惟有杏花偏懒。山下玉兰才放，甚春深春浅？

衔泥双燕乍归来，寂寞空庭晚；飞上画梁相对，"说春长春短"[2]。

（1）（2）皆学生课卷中语。

1925 年 5 月 4 日

慧修兄：

手书于昨日递到。令弟今日上午十一点到胶中，一路平顺，勿以为念！所嘱诸事，民言与弟责无旁贷，且亦乐得而为，无事客气。

校中今日放假一日，下午得与令弟到公园一游，路上闲谭，殊令我忆我的小弟弟不置。

园中樱花凋谢殆尽，海棠、紫荆方正盛开；辛荑与桃，亦渐衰老；只藤萝含苞未放耳。由令弟口中，知济南已入初夏，然此间正是暮春仲春之间也。然游人甚少，较之樱花会时，判若霄壤，世人多贵耳而贱目，于此益信。

大明湖想近中渐入佳境矣，殊令我神往也。

此请　刻祺

　　　　　　　　　　　　　　　　　弟顾随再拜　五.四.

高阳台

客里高歌，愁来善病，难忘小扇题诗：黄叶飘零，年年长怕秋时。而今更似空心柳，弄晚晴、无力垂丝。过三春、烟雨轻风，依旧枯枝。

浮生事业真休矣！剩盈箱故纸，半卷新词。一朵空花，宵深入梦还迟。醒来满眼凄凉甚，试问天，天意如斯。镇伤心、愁也无名，说与谁知？

浣溪沙

行尽山巅又水涯，依然毡笠与青鞋——可怜全没好情怀！

晚汐有声随月上，夭桃无力背风开；凭阑且待燕归来！

1925 年 9 月 13 日

慧修兄如晤：

到青后，见令弟甚健壮，据说水性练得亦好，即祈勿念。

青校并无根本动摇之消息。公署每月补助费六百元，亦按期照发。惟民言至今未来，管理上无人负责，为可虑耳。

已嘱兴楷弟迅速作书致兄，报告经济及功课进行状况。校中未成立新班，完全系招生困难所致，并无其它原因。所有新生编入二年级者，另开班补习英文及算术。将来兴楷如随不上班，即暂入补习班，亦殊便当。且察其意，亦不欲离青他去也。

此间下星期补行学年考试，学生虽忙，而教员尚可休息。

来时蒙还吾兄招待，湖上一餐，可作三日饱；希代致谢意。

此祝　秋祺

弟随敬白　九月十三日

兄自京所寄款，次第已照收，渠并嘱弟代候。又启

1925 年 9 月 28 日

慧修仁兄学长如晤：

手书并款卅元均照收，勿念！

兴楷现在二年级上课，惟英文数学则在补习班。校中之意，大约要在明春招考新生。届时补习生如有长进，便令其插入二年级，否则仍须随新生上班也。

即吾先生仍在青，惟不常来校，晤面时甚少。民之有信来青，惟待之已久，而足音杳然，令人殊怅怅耳。

海上秋来，颇多逸趣，连日月明如水，尤可爱。奈国文卷子太多，令人患头目晕眩不止。

小词二首，录呈，并希转示还吾兄：——

弟顾随敬复　廿八日

祝英台近

夏已阑，秋未暮，潮汐自来去。忘我怀人，才情两相误。吟成一卷新词，稼轩淮海，都非我年来情绪。

梦中晤，话尽离合悲欢，觉来恨无据。风雨深宵，塔高响铃语。也思放下毛锥，细沉吟处——放不下一腔凄楚！

婆罗门引

咏美人蕉

年年此际，湘江无处觅湘累——招魂几见魂归？留得一丛花在，雨过湿萤飞。正魂兮月下，化作芳菲。

坠钿剩脂，不磨灭，自葳蕤。绿是佳人头上、云鬌成灰。娇红一朵、植根在，千载艳尸堆。——休尽望绿瘦红肥！

1925 年 10 月 31 日

慧修兄：

手书并洋廿元均于今日下午接到，勿念！

兴楷弟近中用钱稍费，次箫与弟都时常加以劝阻；即兄不言，弟亦不能弃此责也。兴楷颇知道用功，据同仁说，英文算术都大见进益。此尚堪告慰耳。

胶中学生与次箫感情日恶，不知何故。次箫亦甚灰心，闻将于年假中决计舍此而去。若然，则弟以连带之关系，势必与之俱去。缘此间教职员泰半俱系 K.M. 系中人物。而弟则超然物外，久为校中主要人物所不满，不过弟至今始知之耳。徒以与次箫交厚之故，得以蝉联至今。次去而弟之冰山（？）倒矣。望兄刻刻为弟留意一教席为荷。至此函所言关于次箫之事，务请秘之，勿以告它人。

弟如有所需（外国文书之类）必不客气的向兄借取，此刻先不急也。

即候　刻安

弟顾随敬白　卅一日

还吾兄均此

1925 年 11 月 19 日

慧修兄：

示悉。上个礼拜，已为楷弟作好袍子一件，又袷裤一件。青地颇暖，弟于今日下午才正式穿棉袍。所云棉马褂或卫生衣之属，不妨到阴历十一月间再制。弟经济尚不至如兄之窘。兄勿事过虑！此间薪水，尚是按月照发也。市面尚安谧，惟职业学校旧址（即临近胶中之大楼），近三五日来，约有两团左右大兵光降。曾曰，各不相扰，而人心自不能不稍为紧张。闻青岛大学亦以住兵之故，大有不能上课之势。则敝校之根本动摇与否，亦在不可知之数。此消息仍请秘之，勿以告人！

清独丁内艰，弟事前一无所知，人事应酬既说不到，乃并吊唁之函件，而亦无之。若以弟老于世故之眼光观之，未免太欠礼矣。前于君培处打听得清独的通信处，不意以极好写信之我，数月来遂无片纸只字寄芜湖，岂不大可怪？！

校中学生告假回家的走了个七零八落。（走者）内中十之七八，皆系弟前函中所云反对次兄之分子。故此时校中内部反觉平静了许多。只要学校根本不致动摇，则次兄决不至于走，弟亦或可在此蝉联。即使弟它去而有次兄在此，兴楷之求学，亦不至发生困难。盖此时所患不在校内而在校外矣。

至于词，虽然常读常作，而总觉得不能代表时代之精神。以之混饭吃，或不无用处；若以之自立，则殊甚难。近作录呈两首，非曰呈正，聊以压函耳。

敬祝　康豫

弟顾随敬复　十一月十九日夜

蝶恋花

雨中倚楼远望

时序恼人秋已暮。过了重阳，莫漫登高去。白日深藏云酿雾；黄昏黯澹风催雨。

自倚危楼时极目，海水连天，不见风帆舞。试觅海天交界处，悠悠一线山前路。

渡江云

枫叶多黄落，词以吊之。

西园曾几日，小桃落尽，猛雨打残荷。似水韶光，催老嫩杨科。青枫池畔，漫纷披、苍翠枝柯。如向人、含情低语："待我醉颜酡。"

如何——重阳过了，黄叶枝头，只随风婆娑？！料夜来、秋魂惨淡，泪雨滂沱。妒花常是天公事，问红叶、何事多磨？枫不语，秋池时起微波。

何如？格律渐细，真意渐少矣。

1925 年 12 月 7 日

慧修学兄伟鉴：

　　得本月五日手书，敬悉种切。此间情形日见和缓，勿念。如遇必要时，自当如兄所嘱，令楷弟由海道返里耳。

　　海上三五日来，天气骤寒，颇有冬意。然皮衣尚未上身，室内亦未生火也。省城何似？自当较此间稍凛冽也。

　　此请　冬祺

弟随敬复　七日

1925 年 12 月 20 日

慧修兄：

　　挂号信并大洋廿元都收到，勿念。

　　楷弟花了的钱，我教他都记上账了。从现在到寒假，大约没有其他的用项，除了一个月的膳费伍元。若再有用项，便是回家的路费了。等我教他开封详细的信告诉你。

　　胶中放寒假的日子，据次箫云须阴历十二月初八或初十。

　　昨晚楷弟来找我闲谈。我问他回不回家。他说，回。我问他明年还想来不想来。他说，来。我问他的功课怎么样。他说英文长进了，（我可以担保，他说的不错，并不是自夸）只有数学颇觉困难。我看兄所忧愁的升级一层，倒不成问题。所愁的乃在学校的自身。但近两月来，次箫又颇提起

141

精神，似乎并不作五日京兆之计。只要军队不占据我们的房子，大谅学校决不至于倒闭。

我看楷弟回家的心很盛。这倒是一件难解决的事体。让他回去吧——大冷的天，大长的道，他一个小孩人家，孤另另地往来，实在令人挂心。不让他回去吧——不独兴楷不是意思，便是家里的伯母也难以为情。我真不能赞一辞了。

至于你来青岛，我看此刻尚可不必。一则胶中放假还早，二则往返也太仓卒。我的意思，以为你不如在济校放假之后，到这里多住几天，同楷弟仔细研究一个办法才好。横竖济校放了假，这里还上着课哩。

我这两天，读了些不三不四的英文书籍；作了两篇非驴非马的《论语》故事，心绪本来很好。不知怎的今晚再也沉不下心写一封明白的信。来信所询问的，大半也答复了。拉倒吧。不写了。

此候　冬安

弟顾随敬复　廿日

还吾兄统此

1925 年 12 月 24 日

慧修学兄如晤：

顷楷弟到我屋来，见面即涕泪如雨，具言想家。弟亦不知所以慰藉之。兄意云何——或令其早日返里耶？祈来函示知为荷。

兄最好于阳历年假来青一次，顺便送楷弟上船，否则想一万全办法，令其留青或去济也。

匆匆不尽

此请　刻安

顾随敬白　廿四日

1926 年 4 月 29 日

慧修兄：

得手书，知已平安抵济，至以为慰！

楷弟书箱，至今尚未能运去。弟自过年后，无日不在窘乡。偶而弄得几元，太半皆军用票，不能当作运费。不日即是五月，当设法要几块现洋，将箱子为楷弟运去也。

春来志气销沉，既戒诗词，又缺乏创作欲，遂并片纸支 [①] 字而亦无之。告之吾兄，其惋惜为何如也！君培前有书来，嘱我多读多作，自家本亦有意。奈校务既繁，课程又重，每日除跑腿、上课、改卷子之外，更无余力可以从事于笔墨。自家不小心，投入罗网，夫复怨谁？转瞬即是暑假，弟当首先辞去此间教务主任之职，再找一清静地方，专心读书，不问外事。但不知老天肯如人愿否耳。

振之北上，有何发展？近有信来否？

济南有熟人来青，谓吾兄与还吾在一师与人小有龃龉。确否？祈函示，弟甚念也！

此请　刻安

弟随敬复　廿九日

还吾兄统此

---

① 整理者注："支"，当为"只"字之误。

博士论坛

知识传播视域下古籍数字出版的创新发展路径

李　进（中央司法警官学院警察管理系）

知识传播是指一部分社会成员在特定的社会环境中，借助特定知识传播媒体手段，向另一部分社会成员传播特定的知识信息，并期待收到预期的传播效果的社会活动过程[1]。英国哲学家培根曾言："知识的力量不仅取决于其本身的价值大小，更取决于它是否被传播以及被传播的深度和广度。"[2]可见，知识传播对社会发展的重要作用。古籍是传承和赓续中华优秀传统文化的重要物质载体。出版是知识传播的主要承载基础，肩负着文明传承的使命，古籍的整理出版则直接关系着中华优秀传统文化的传播。随着数字化技术的发展，媒介环境发生变化，知识传播的环境与载体也随之发生改变，出版产业格局亦是出现变化。数字出版来势汹汹，以其传播速度快、传播时效性强、信息交互性强、信息承载量大等特点，突破了传统出版的知识传播方式，建立了一个新的知识传播体系，进而引发大众关注。新媒介环境之下，古籍数字出版是对传统纸质出版的一种媒介层面上的延伸，数字化古籍成为知识传播的重要载体，也使得古籍的传播和内容的载体摆脱了传统纸本的限制，推动着古籍文献资源借助网络媒介进行知识传播，实现从知识拥有者到知识接受者的跨时空扩散。与此同时，知识传播环境变化导致了古籍数字出版产业格局发生改变，古籍数字出版面临前所未有的挑战。因此，有必要深入分析我国古籍数字出版创新发展过程中存在的问题，探索古籍数字出版创新发展的路径，实现新时期古籍数字出版事业的跨越式发展。

1 知识传播视域下古籍数字出版亟待解决问题

1.1 古籍数字出版质量参差不齐，知识传播质量难以保障

中国古籍存量十分庞大，但从目前的发展来看，古籍数字出版的体量仍然偏小。古籍数字出版的准入门槛较低，很多出版机构对内容审核不严、编校质量下滑、制作水平不高，导致出版物质量参差不齐，无法保证知识传播的质量。在市场经济体制下，部分出版机构在利益驱使下，盲目追求经济收益，忙于抢占市场，忽视古籍的社会价值，跟风抄袭严重，只选择市场常见的诸子百家、唐诗宋词、经典小说等出版门槛较低的基础性古籍书目重复出版，选题高度缺乏特色，内容替代性很强。这导致了如《水浒传》《三国演义》《西游记》《红楼梦》等名著均有上百种版本，但低水平重复现象十分明显。虽然市场上古籍数字化资源增多，可供读者在线浏览和学习，扩大了古籍的传播范围，然而编校质量却没有显著提升，不少属于低效供给甚至无效供给。个别出版机构为了尽早推出产品，轻视了古籍的编辑制作环节，即使是国内专业古籍出版社，也可能存在一些出版质量问题，如错字、漏字、病句、断句错误等，注释质量也难以保障。

信息技术的发展使古籍数字化的难度大大降低，但有些问题并未得到有效改善。古籍数字出版之前，出版社需要对古籍内容进行整理，包括数据统计、信息整理等，而工作人员水平高低不一，许多工作人员对古籍整理的基本常识都缺乏了解，更是没有古籍点校经验，不清楚古籍的版本源流，底本选择比较随意，或虽然花费时间和精力去做过功课，但选择的底本依然不可靠，这使古籍数字化工作质量受到很大影响[3]。知识传播质量是以高质量的专业知识生产为基础的，如果不能在每个环节做到专业、认真，古籍数字出版的质量最终难以真正得到提高。

1.2　出版融合发展人才严重短缺，知识传播主体存在认知偏差

古籍数字出版是一项耗费时间长、专业性强的工作，需要很多专业人才共同参与。与其他出版领域相比，古籍整理与出版周期更长，从业人员收入普遍偏低，上升渠道窄，职业规划指导不足，导致优秀人才不断流失。虽然高等院校、研究机构已经培养了一些古籍整理出版方面的专业人才，但仅靠这些人远远满足不了市场需求。许多出版机构从事古籍出版工作的古籍专业人才偏少，相关工作多由一些历史文化领域的人员兼任，存在角色适应困难、自我发展意识薄弱等问题；年轻后备力量更是不足，缺乏年龄在30 岁以下的专业人才，出现年龄断层[4]。古籍数字出版是以技术为依托并且贯穿全程的出版，从事古籍数字出版工作的人员不仅需要掌握传统的古籍校勘、编目、版本鉴定等古籍专业知识，熟悉传统出版技术，而且需要掌握数字出版相关技术，但当前融合出版人才的供给无法满足出版产业需求。出版业正在迅速发展，而作为知识出版传播主体之一的出版社，却存在认知偏差，过度重视古籍数字化资源的大众化生产，对融合发展人才的培养力度明显不足等问题。出版机构生产传播古籍数字化资源的专业能力依旧有限，主要因为出版意识、理念并没有适应新环境，未能根据不同媒介、用户差异制作不同的适配内容，出版工作人员的古籍专业能力与运用数字出版技术的能力也跟不上行业发展趋势。古籍数字出版工作尚处于基础阶段，不能充分实现语义内容层面的深度挖掘与高效利用，使得古籍的知识传播效果大打折扣。

1.3　古籍数字化行业标准不一，知识传播与知识共享受限

荷兰学者 Weingarde 表示，数字化产品能否长期保存和方便利用，取决于在数字化开始时选择的文件格式、制作标准和字形等[5]。标准化建设直接影响着古籍数字化资源的传播价值、使用效果以及发展前景。从我国现有的古籍数字化资源来看，虽然国家陆续开放古籍数字化资源，出台了一些

规范古籍数字化的标准，但依旧存在着制度不规范、内容不全面、原则不明确等现实问题[6]，尚未形成完善的古籍数字化标准体系。国内古籍数字化建设初期缺乏统一规划与部署，大多处于各自为战、分散出版的状态，缺乏标准化的数字化处理流程，不同主体选用的标准和规范不同，采取不同分辨率的扫描技术，OCR 识别准确率也不尽相同，建设的古籍数字化资源各具特色，导致各出版机构开发的古籍数字化资源在文字编码、数据格式、著录格式等方面存在差异。古籍识别受复杂多变的汉字字形、复杂的版式等因素影响，正确识别具有一定难度。目前行业内 OCR 正确识别率最高的"汉典重光"OCR 平台，其正确识别率也仅为 97.5%，是国家图书出版文字差错率标准的 250 倍，远低于国家最低标准[7]；排名第二的"识典古籍"的OCR 识别准确率在 96% 至 97% 之间。此外，同一版本古籍被不同机构数字化，形成同一版本古籍的不同数字版本的现象亦是存在，如文渊阁《四库全书》，先后已有多家机构进行过影像、全文文本的数字化。当前古籍的数字版本格式亦是多样，有 pdg、wdl、exe、djvu、edb、ebk、html、txt、doc、pdf 等多种格式。如《资治通鉴》数字资源，超星采用 pdg 格式，天安亿友采用 exe 格式，"国学大师"除 pdg 格式外，亦有 djvu 格式。如此一来，古籍数字资源共享只能限于小范围之内，既不利于提升古籍数字化效率，也不利于大范围的古籍数字化数据共享和资源互通。"信息孤岛"现象比较明显，资源无法整合，信息共享困难，且出现了多个机构重复建设同一古籍文献资源的现象，知识之间存在冲突或是重叠，带来较大的资源浪费。古籍数字出版工作难以达到预期效果，制约了古籍文献资源开发利用和普及传播的速度。

1.4 出版机构与读者间信息不对称，知识传播的效率低

信息作为不可触摸产品，具有不确定性、隐蔽性以及滞后性等特点。出版机构在策划知识传播过程中时常会出现信息不对称现象。目前，国内许多从事古籍数字出版的机构都存在着这样一个问题：对于读者的偏好和购买力

并不清楚，因为读者是一个不确定的群体，数量众多且分散，对信息的接触、理解和记忆有选择性，因个性特点和需求等不同而有所差异[8]。出版机构对读者究竟喜欢什么古籍文献资源、有能力购买哪些古籍文献资源等信息并不十分清楚；读者也对出版机构新出了什么古籍文献资源，哪家出版机构的古籍文献资源能够满足自己的知识需求等信息也不清楚。例如，定价 3000 元的《壮族麽经布洛陀影印译注》，当当网、亚马逊等图书专营网站上均无销售，学者们对该书的热情却不曾减少，研究壮族布洛陀文化的热情也从未降低[9]。出版机构受到信息资源的制约，接收的信息反馈有限，不能很好地掌握读者的需求信息，只能根据原有古籍文献资源情况进行选题，出版生产的古籍数字化资源存在趋同，而且缺乏个性化的数字古籍知识服务，难以满足市场的多样化、差异化需求，读者容易丧失阅读兴趣。同时，出版机构与读者之间的渠道信息不对称，影响了古籍数字化资源的"卖"与"买"，存在阅读需求的读者想"买"，却不知道哪里有"卖"的现象，实际需求与市场供应相互脱节。可见这种出版机构与读者之间的信息不对称，不仅导致出版机构经济利益受损，而且影响了古籍文献资源的传播，使知识传播的效率降低，传播效果得不到充分发挥。

1.5　知识传播新媒介爆发，知识传播与知识版权冲突

网络信息技术以及新媒体技术的广泛运用，引发了全球范围内的数字化浪潮，古籍数字出版也迎来了重大变革，古籍文献资源的传播形式、途径出现了巨大改变。出版机构利用信息技术将古籍文献资源进行数字化加工，使其转化为电子数据形式，可以以多种媒介作为传播途径，将古籍文献资源进行有效的网络传播，知识传播范围、速度等得以提高。但数字化时代，知识传播新媒介的涌现，使古籍文献资源的载体呈现多元化趋势，知识传播不再依赖于物理载体。数字产品几乎都能以二进制数字编码形式表现出来，由计算机进行处理、存储并通过互联网传输，所以可以很轻松地通过计算机实现对的访问、复制拷贝和分享，这使得盗版侵权行为更加难以界

定，出版机构很难实现对数字产品的控制。同时信息技术的发展使数字信息传输突破了传统时间和空间的限制，侵权行为呈现出难度低且侵害大的特点，知识侵权主体更加多元，侵权形式变得复杂多样，侵权责任也难以追究。古籍作为一种稀缺资源，文献价值高，而整理出版投入周期长、产出小。这种情形之下，知识传播与知识版权之间容易发生冲突，信息技术的发展使得市场上的古籍文献资源在各大网站上被随意传播下载，这导致古籍数字化资源开发者的知识版权受到侵害，严重影响了他们的积极性。

2 知识传播视域下古籍数字出版创新发展的实现路径

2.1 严把古籍数字出版质量关，实现高质量知识传播

习近平总书记强调："一部好的作品，应该是经得起人民评价、专家评价、市场检验的作品，应该是把社会效益放在首位，同时也应该是社会效益和经济效益相统一的作品。"[10]古籍数字出版不仅要服务于当代社会，更要面向未来。数字化技术既可以有效地保护古籍原件，又能够促进古籍内容的使用与传播。因此，新时期古籍数字出版要树立精品意识，实施精品工程，制定准入门槛，严把出版高质量发展的生命线，兼顾数字产品的社会效益与经济效益，优化古籍知识传播的内容品质。出版机构在选题策划之时，要投入足够的资金、技术、时间等，不盲目跟风，仔细普查市场上的古籍数字产品，重视内容生产，进行充分的选题论证，不断开辟新的出版领域，进行深度知识加工，建立知识关联，避免知识传播的同质化，突出资源实用性，减少资源浪费。古籍数字出版质量根本在于古籍整理的质量，要做好古籍的深度整理，经过校注、考证、研究等方式，增添原始古籍的学术价值。古籍在流传过程中，往往不止一个版本，在进行数字出版时，古籍版本应由专家审查，尽量以善本作为底本，并结合其他版本，认真校勘，拾遗补阙，整理出汇校本以及集注、集解本，建立古籍版本数据库，同时利用嵌入式技术，实现内容关联，在不同版本（包括图像和文本）之间建立联系，以

便对照和互补互证[11]。如湖南省政府主导实施的重大出版工程《湖湘文库》，该书立足湖南地域文献，突出湖湘文化特色，编纂组对其中的技术性错误进行了句读订正、改错补漏，同时对内容的知识性、事实性存疑之处给予正本清源，全面审读其内容，确保了古籍内容传播品质。2013年《湖湘文库》纸质图书出版，2017年完成数字化再版（与天闻数媒科技有限公司合作），实现了古籍文献在网页、Pad端的阅读。鉴于机器识别功能识读古籍文字的能力有限，在数字化过程中为减少差错，应注重人机互补，机器识读完成以后，由专业人员进行校勘，严格执行"三审三校"制度与发行质检制度，"谁负责，谁担责"，责任分配到个人，严把出版质量关，减少出现文字错讹、遗漏等现象，努力打造精品资源。同时，上级主管部门也要对各出版机构整理出版的古籍数字化资源的内容与编校质量进行检查、抽查，对存在严重质量问题的进行处罚，予以限期整改或撤销出版资格，以此加强古籍数字出版的质量管理，提升古籍知识传播的质量。

2.2 强化复合型出版人才队伍建设，加快出版主体传播理念转变

在信息技术与传统行业深度融合的时代，数字化内容和新兴媒体已成为出版业的主要传播内容和渠道，数字化转型升级是出版业高质量发展的唯一路径[12]。2016年4月，习近平总书记在网络安全和信息化工作座谈会上指出："没有一支优秀的人才队伍，没有人才创造力迸发、活力涌流，是难以成功的。念好了人才经，才能事半功倍。"[13]人才资源才是第一资源，出版机构参与市场竞争，说到底是人才的竞争。现今，古籍出版行业在数字化转型升级过程中面临着复合型出版人才匮乏问题，古籍数字出版业的繁荣发展以及出版传播功能的有效发挥，有赖于加强复合型出版人才队伍建设。具体来说，首先要加强古籍数字出版学科建设以及在职人员继续教育。学科教育是专业人才长效培养的有效途径，出版机构可通过与高校、科研院所合作，签订人才培养协议，建立古籍数字出版人才培养基地，着力提升出版从业人员的古籍专业知识与技能，并让他们掌握现代数字出版技术，

为古籍出版行业培养和输送高质量的复合型出版人才，切实保障出版人才队伍质量。对于从事古籍数字出版的在职人员，也要开展继续教育，统筹安排其参加权威机构定期或不定期举办的培训班、研修班，通过古籍数字出版经典案例分析、通识课程学习、专题知识学习、专项技能精讲四项内容，深入学习古籍数字出版的最新理论和前沿技术，使他们与时俱进，更好地适应新时期古籍数字出版工作不断发展的需要。待到条件成熟之时，启用职业资格认证制度，要求古籍数字出版从业人员持证上岗，保证工作质量[14]。其次，强化复合型出版人才培养激励。融合出版是传统出版与数字出版的有机融合，是出版业迈向高质量数字出版的可行路径。2022年，《关于推动出版深度融合发展的实施意见》提出，要"加大国家重大文化出版人才工程对出版融合发展人才的重视支持力度，在文化名家暨'四个一批'人才评选、中国出版政府奖优秀出版人物奖评选中，增加融合发展人才入选比例，造就更多高层次复合型人才"[15]。出版主体不能拘泥于传统的出版模式，更要推动古籍数字出版由初始阶段的"数字化转型升级"逐步走向较高阶段的"出版融合发展"，构建数字时代新型出版传播体系。加强人才保障力度，制定全国通行的古籍数字出版人才职称评定标准，畅通人才职称晋升渠道，促进职业资格互认和合理流动，以此调动从业人员积极性，从而吸纳更多高层次复合型出版人才加入古籍数字出版行业，进一步推动中华优秀传统文化的出版传播。最后，要加快出版主体传播理念的转变。作为出版主体的出版从业人员，应主动适应古籍出版传播格局的变化，以提升知识出版传播力为重点，持续转变出版传播理念，满足不同消费群体的知识需求。

2.3 探索古籍数字化资源共建共享机制，实现古籍资源传播效率最大化

文化资源的数字化水平，是一个国家现代化水平的重要指标。在数字信息时代，我们应优化中华传统文化出版传播技术，积极对传统的古籍出版物进行数字化，推进传统文化的现代化进程。国家相关部门要统筹规划，构建起古籍数字化资源共建共享机制，制定统一的古籍数字化行业标准，

开放跨平台接口，便于异构数据库之间的信息交换与利用，实现古籍资源传播效率最大化。各出版机构要在自然语言处理技术、OCR 文本生成技术、知识图谱技术等领域通力合作，推进古籍文本结构化、知识体系化、利用智能化。整合古籍数字化出版技术，行业内部尽量统一存储格式以及使用国际通用标准字符集。现在我们采用的 GBK 编码体系对汉字满足程度较高，却不是国际通用标准。各出版机构可以考虑采用 ISO/IEC 10646 国际标准，从而统一古籍数字化建设标准和技术规范，并建设古籍知识服务平台，实现古籍的自动校勘、标点、编纂、注释、索引、排版等功能，同时提供分析、挖掘、知识服务等功能，着实提高出版传播的效率。通过古籍知识服务平台建设，不断优化古籍数字出版流程，将模块任务分成数据提取、文献点校、细分经纬目、数据合库、数据分库、数据归类与排序、任务交叉审阅、内容格式化处理、内容设计排版等环节 [16]，合作机构分别承担其中部分环节任务，加强古籍数字资源的共享共建。现已上线的国内首个古籍整理与数字化综合服务在线平台"籍合网"（www.ancientbooks.cn），具有开放性、智能化的特点，提升了古籍编校效率与出版质量，实现了古籍整理数字化以及古籍出版的数字化升级 [17]，丰富了知识服务。字节跳动和北京大学数字人文实验室、国家图书馆联合推出的"识典古籍"数字化平台，完全免费开放共享，融合了字节跳动积累的文字识别、自动标点、命名实体识别等多项 AI 技术。这种"以知识为中心"的结构化、网络化、智能化的用户服务已经成为古籍数字出版的发展趋势，对古籍的出版传播意义重大。

2.4　搭建交流场域，优化信息交流生态，实现多重互动

出版机构应以"互动传播"为突破点，积极构建线上、线下双重的交流场域，推动古籍数字化资源为时代和社会共享，优化信息交流生态，实现多重互动。出版机构可在线下书店、图书馆等场地开展古籍爱好者交流会、古籍资源发布会、珍稀古籍参观等线下传播活动，与受众群体面对面沟通互动，形成情感共识，提升知识传播的效果。新媒体时代，知识的生产和

传播更多地与传播媒介连接，展现出与多种媒介相互融合发展的崭新样貌，文化生产格局正不断迭代重建[18]，传统知识生产自上而下的固定流动模式被打破，知识传播的话语权得以重新分配，每个人都有获得和传播知识的权利，知识传播者与知识接受者的身份界限变得模糊。

媒介技术的变革一方面从根本上优化了传播环境，同时又通过塑造主体的观察方式、感知方式、思维方式来现实地推动知识生产与知识传播[19]。古籍文化的传播也必须构建线上交流场域，开拓多种新媒体传播方式，创新古籍宣传内容和方式。中国互联网络信息中心（CNNIC）发布的第50次《中国互联网络发展状况统计报告》显示，截至2022年6月，我国网民规模为10.51亿，互联网普及率达74.4%[20]。因此，可以充分利用各类网站、自媒体平台、社交平台等进行信息交流，以适应新媒体传播的分众化、差异化趋势。聚焦受众认知效果层面，与受众建立起互动与反馈机制，汲取微信、微博、抖音、B站等热门社交媒体的传播优势，集中了解用户的需求和感受，并吸引广大用户参与古籍内容的生产传播，提升用户参与感和体验感。通过动态分析和内容重组来形成恰好符合受众需求、适合传播的古籍数字产品与服务，建立起多元化、立体化的互动性出版传播范式。如岳麓书社对《曾国藩全集》进行了可视化改造，将曾国藩影视形象、文本片段以及成功要素进行二度加工，制作成短视频投放于抖音，在喜马拉雅听书平台推出《曾国藩全集》有声书版本，并利用线下营销与交流渠道，拓展古籍传播渠道，丰富古籍内容呈现形态，让古籍文献可读、可听、可看，受众得以快速拓展，市场热度不断提高[21]，起到了很好的示范作用。在不久的将来，出版机构可以依托大数据技术进行精准推送与定制服务，聚焦元宇宙，将"5G+人工智能＋大数据"等运用于古籍数字内容的交流互动功能中，系统跟踪与挖掘用户阅读行为数据，分析受众兴趣目标，积累用户行为数据，对受众进行集群划分，以用户真实需求为导向，进行古籍数字产品的生产与传播。古籍数字资源的内容既可根据用户需求进行增删或重组，又可根据用户需求选择相应版本，充分满足用户的个性化需求，"以人为本"，"按需推送"，以提升知识传播质量。对于专家学者群体，可按照学科专业进行细分，开发专业性强、权威度高，用于专业研究的古籍数字资源；而对于普通读者，则可以根据大数据分析其客观需求，开发经典文学、养生保健、志怪小说等古籍数字资源，满足不同用户群体的阅读需求，提高古籍知识传播效果。

线下场域则充当阅读体验空间的角色，可以开展阅读、参观、聚会、资源推介、学术交流活动等，形成良性互动机制，提升读者对于古籍数字产品的认知度，并在线上对线下未尽问题及时反馈，打通现实与虚拟之间的鸿沟。这种线上线下相结合的信息交流，从单向灌输式传播转为多向互动式传播，具有互动性、开放性、专业性等特点，知识传播系统呈现出扁平化、平等式、精准化、去中心化的趋势。这样可以提升知识传播力度与传播内容的质量，为古籍数字化资源创造了多条传播路径，涟漪式圈际传播效果将逐渐成为传播生态的重要特点，知识破壁出圈必然成为常态，对于提高古籍内容在对内传播和对外传播中的声量意义重大。

2.5 推动技术赋能知识版权保护，提高数字知识版权侵权与传播难度

知识版权保护是实现古籍数字化资源共享共通的重要支撑。知识传播新载体的涌现给古籍数字化资源的版权保护带来全新挑战，侵权手段日益数字化，同时侵权行为的多样化、隐蔽性不断增强，侵权易、维权难已经成为出版机构的困局。数字知识版权纠纷多以网络为载体，电子数据成为数字知识版权维权的主要证据形式，但电子证据具有易销毁、易篡改、不受时空限制、损失价值较难评估等特征，版权人的维权成本高、周期长、取证难[22]，数字知识版权的侵权难以通过司法手段得到有效解决。面对数字环境中高科技的侵权手段，以技术赋能知识版权保护手段更加有效。技术措施是最直接、最有效的手段，可以实现对古籍数字出版本身的知识版权保护。出版机构可将古籍资源转换成古籍文献数据库、专题光盘等多种应用模式进行保存，同时运用防拷贝技术、访问控制技术、内容加密保护技术、数字水印技术、流媒体技术与 DRM（数字版权管理）技术等[23]，避免他人

非法拷贝、下载和传播，从事后补救迈向事前控制，实现数字知识版权的管理，保护版权人的正当利益，提高数字知识版权侵权难度。但随着数字知识版权保护技术的不断升级，在注意保护版权人权益的前提下，也要避免形成过窄的范围界定，推动高质量的古籍文献资源以合理合法的形式广泛传播，助力古籍数字出版事业发展。

知识传播环境的基础性变化，改变了古籍数字出版产业格局，古籍内容的呈现无限延伸，多种载体无限发布。信息时代，古籍数字出版要满足高质化、分众化、差异化的知识传播需求，则须创新发展路径，从出版质量管控、复合型出版人才建设、资源共建共享、搭建互动与交流场域、数字知识产权保护技术建设等方面开展工作，以提高古籍数字化资源品质，提升古籍知识传播水平，推动古籍数字出版产业迈向高质量发展，将中华优秀传统文化的传播向深度推进，促进其全球性地传播。

参考文献：

[1] 倪延年.知识传播学[M].南京:南京师范大学出版社,1999:7.

[2] 冯建伟.信息新论[M].北京:新华出版社,2001:38.

[3] 漆永祥.当前古籍整理诸问题刍议——兼谈对《文献》杂志的小小建议[J].文献,2019（5）:44-53.

[4] 章红雨.古籍出版如何解决人才难题[N].中国新闻出版广电报,2021-10-21（1）.

[5] 姚俊元.关于制定古籍数字化标准的思考[J].图书馆理论与实践,2010（2）:50-52.

[6] 张文亮,尚奋宇.我国古籍数字化标准体系现状调查及优化策略[J].国家图书馆学刊,2015（6）:83-89.

[7] 陈力.数字人文视域下的古籍数字化与古典知识库建设问题[J].中国图书馆学报,2022（2）:36-46.

[8] 田赞明.大众传播理论视野下的图书馆工作[J].高校图书馆工作,2008（5）:25-27.

[9] 刘芳.传播学视野下的古籍影印出版——以《壮族麽经布洛陀遗本影印译注》为例[J].

出版参考,2019(2):41-43.

[10] 习近平.在文艺工作座谈会上的讲话[N].人民日报,2015-10-15(2).

[11] 魏晓艳.古籍数字化出版中汉字处理问题刍议[J].中国出版,2014(9):50-53.

[12] 李薇.融媒体时代复合型出版人才高质量培养发展探析[J].出版广角,2021(16):31-33.

[13] 习近平.论党的宣传思想工作[M].北京:中央文献出版社,2020:208-209.

[14] 张秀兰,王瑀,建欣茹.日本古籍数字化标准体系研究及对我国的启示[J].数字与缩微影像,2018(4):34-38.

[15] 中共中央宣传部.关于推动出版深度融合发展的实施意见[EB/OL].[2022-09-20].https://www.nppa.gov.cn/nppa/contents/279/103878.shtml.

[16] 毛春,周安平.探索古籍整理与出版新路径——《中华大典·农业典》数字化编纂出版探究[J].出版发行研究,2018(6):58-60.

[17] 齐江蕾.古籍知识服务平台发展策略——以"籍合网"古籍整理工作平台为例[J].中国编辑,2022(2):60-65.

[18] 雷启立.携手破圈,培养融合出版人才[J].编辑学刊,2022(5):1.

[19] 赵涛.电子网络时代的知识生产问题析论[J].哲学动态,2015(11):22-28.

[20] 中国互联网络信息中心.第50次《中国互联网络发展状况统计报告》[EB/OL].[2022-10-28].http://www.cnnic.net.cn/n4/2022/0914/c88-10226.html.

[21] 裴喜英.古籍出版转型策略探析——以岳麓书社《曾国藩全集》为例[J].出版广角,2021(10):80-82.

[22] 魏永奇.区块链技术视角下数字版权的法律保护[J].传播与版权,2022(8):122-124.

[23] 邱均平,朱少强.数字图书馆版权保护技术及其规避行为的法律对策[J].情报科学,2006(1):1-7.